GÜNTHER
BIERMANN

LITERATUR-KARTEI: "IM SCHATTEN DES VESUV"

EINE AKTIVMAPPE ZUR RÖMERZEIT

MIT BRETTSPIEL: "FLUCHT AUS POMPEJI"

Verlag an der Ruhr

IMPRESSUM

Titel:	Literatur-Kartei: „Im Schatten des Vesuv" Eine Aktivmappe zur Römerzeit
Autor:	Günther Biermann
Redaktion:	Patrik Eis
Illustrationen:	Imke Stotz
Titelbild:	Monika Helwig
Layout:	Markus Krieger
Druck:	Druckerei Uwe Nolte, Iserlohn
Verlag:	Verlag an der Ruhr Postfach 10 22 51 45422 Mülheim an der Ruhr Alexanderstr. 54 45472 Mülheim an der Ruhr Tel.: 02 08 / 49 50 40 Fax: 02 08 / 495 0 495 e-mail: info@verlagruhr.de

Die Originalausgabe des Jugendbuchs ist unter dem Titel „The Shadow of Vesuvius" erschienen bei Faber and Faber Ltd., London.

Deutsche Erstausgabe:
Herder Verlag, Freiburg im Breisgau 1980

Taschenbuchausgabe:
Deutscher Taschenbuch Verlag, München 1983
(11. Auflage 1995); ISBN 3-423-07497-3

Die Seiten- und Zeilenangaben in dieser Kartei beziehen sich auf die Taschenbuchausgabe.

© **Verlag an der Ruhr, 1997**
ISBN 3-86072-248-4

Dieses Werk ist urheberrechtlich geschützt.
Alle Rechte der Wiedergabe, auch in Auszügen,
in jeder Art (Fotokopie, Übersetzung,
Mikroverfilmung, elektronische Speicherung
und Verarbeitung) liegen beim Verlag.

Ein weiterer Beitrag zum Umweltschutz:

Das Papier, auf dem dieser Titel gedruckt ist, hat ca. **50% Altpapieranteil**, der Rest sind **chlorfrei** gebleichte Primärfasern.

INHALT

Vorwort 4

Zeilometer 5
Worterklärungen 6–8
Mit Timon durch die Stadt 9
Reise nach Pompeji 10
Römische Orte: damals und heute 11
Erste Infos 12
Die Sklaven 13
Erste Ahnungen 14
Livias Pfannkuchen 15
Eine Pompejanische Spezialität: Garum 16
Leben für den Zirkus? 17
Wozu der Zirkus führen kann 18
Kampf in der Arena: Schnee von gestern? 19
Das Haus der Vettier 20
Ein fremdenfeindliches Buch? 21

Thema: Römer
Römer und Fremde 22
Schul-Latein 23
Pompeji heute 24
Römische Spuren I 25
Römische Spuren II 26
Rechnen wie die Römer 27
Eine römische „Rechenmaschine" 28
Schreiben wie die Römer 29
Spielen wie die Römer 30
Römisches Tangram 31
Wir besuchen die Römer 32

Thema: Schreibstil
Rückblicke 33
... Wie ein Fisch im Wasser 34
Vergleiche im Alltag 35
Wie Schriftsteller schreiben 36
Reden mit anderen, reden mit sich selbst 37

Die Sage von Perseus und Andromeda 38/39
Timon und Cornelia 40
Römische Mädchen, römische Frauen 41
Die Ratten fliehen 42
... Die Menschen bleiben 43
Die Rettungsfahrt 44
Der Tod des Admirals 45/46

Thema: Vulkanismus
Wieso brechen Vulkane aus? 47
Der Aufbau von Vulkanen 48
Ein Vulkan aus dem Backofen 49
Ein Vulkanausbruch im Sandkasten 50
Leben am Vulkan 51
Naturkatastrophen in unserer Zeit 52

Timons Heimkehr 53
Mein Titelbild 54
Mit besten Empfehlungen 55
Das Rätsel zum Buch 56

Flucht aus Pompeji: Ein Spiel für 2–6 Spieler 57–64

Lösungen 65/66
Museumsadressen 67/68
Literatur- und Medienverzeichnis 69–71

LITERATUR-KARTEI: „IM SCHATTEN DES VESUV"

VORWORT

Liebe Kollegin, lieber Kollege!

Vor einigen Jahren fand ich auf der Suche nach neuer Literatur zum Thema Pompeji Eilis Dillons „Im Schatten des Vesuv". Mich überzeugte sofort die gelungene Synthese aus spannender Handlung und hohem Informationsgehalt, verbunden mit einer literarisch ansprechenden Gestaltung. Wiederholte Unterrichtsversuche in 6. und 7. Klassen haben diesen Eindruck bestätigt: Die Schülerinnen und Schüler ließen sich von den ersten Seiten einfangen und lasen mit gespannter Begeisterung weiter.

Aus der Notwendigkeit heraus, historische und geographische Informationen zu geben, entstanden die ersten Arbeitsblätter dieser Kartei. Später habe ich mit Gewinn Anregungen der neueren Literaturdidaktik, der Freinetpädagogik und aus Veröffentlichungen des Verlags an der Ruhr aufgenommen und im Unterricht erprobt.

Diese Kartei will die Lust am Lesen wecken; ein Ziel, das in der heutigen Schulwirklichkeit nicht leicht zu erreichen ist. Als Schulpraktikerin oder Schulpraktiker kennen Sie die Auswirkungen der immer geringeren Lesefähigkeit und Lesebereitschaft bei unseren Schülerinnen und Schülern. Diese Kartei möchte Ihnen eine Hilfe sein, über Informationen, Verstehenshilfen, Schreib- und Gesprächsanlässe einen motivierenden Umgang mit dem Buch zu schaffen. Die Aufgaben sind so weit wie möglich fächerübergreifend gefasst und schließen auch außerschulische Aktivitäten ein.

Die Kartei im Unterricht
Führen Sie die Schülerinnen und Schüler in die Welt des Buches ein, indem Sie ihnen die ersten Seiten vorlesen. Maximal zwei Unterrichtsstunden werden Sie benötigen, um Scrofa und Timon bis zum Tor von Nola zu begleiten. Dieser Auftakt wird durch die unheilvollen Vorausdeutungen und die Identifikationsmöglichkeiten mit dem jugendlichen Helden genug Motivation erzeugen, das Buch selbstständig zu Ende zu lesen. Die Arbeitsblätter „Mit Timon durch die Stadt" und „Lesedetektive" können die Lektüre der Schülerinnen und Schüler begleiten; Blätter wie „Reise nach Pompeji" oder „Erste Infos" können als Einstieg noch vor die Lektüre gestellt werden. Ein Arbeitsblatt als Grundlage eines Lesetagebuches biete ich mit Absicht nicht an. Ich meine, die Lektüre eines Jugendbuches mit einem so durchgehenden Spannungsbogen sollte nicht durch Arbeitsaufträge unterbrochen werden, die die Lesemotivation stören. Das Lesen sollte nicht durch „neue" Methoden wiederum verschult werden.

Treffen Sie Ihre Auswahl aus den angebotenen Arbeitsblättern, bestimmen Sie die Reihenfolge, differenzieren Sie nach dem Leistungsvermögen und den Interessen der Schülerinnen und Schüler, benutzen Sie die Kartei als ein Angebot für *Ihren* Unterricht. Die Blätter zu den selbstständigen Themenschwerpunkten „Römer" und „Vulkanismus" sind im Inhaltsverzeichnis markiert. Ebenso sind die Arbeitsblätter gekennzeichnet, die den Schreibstil des Jugendbuches beleuchten.

Vor den Arbeitsaufträgen finden Sie zur besseren Orientierung Symbole mit den folgenden Bedeutungen:

 Nachlesen im Jugendbuch / eigene Recherche mit Lexika, Sachbüchern u.a.

 Schreibanlässe / schriftliche Notizen

 Gruppenarbeit / Gespräch in der Großgruppe

 Malen / Zeichnen

 verschiedene, auch außerschulische Aktivitäten (Spielen / Backen / Ausflug / Rollenspiel / Interview u.a.)

Viele Blätter lassen sich über Referate vertiefen und ergänzen. Gerade zu den Themen „Pompeji" und „Alltagsleben der Römer" gibt es eine große Zahl geeigneter guter Jugendbücher und Materialien. Im Literaturverzeichnis am Ende der Kartei finden Sie eine Auswahl.

Ich wünsche Ihren Schülerinnen und Schülern „Viel Spaß mit den Römern!" und Ihnen erfolgreiches und zufriedenstellendes Unterrichten.

Günther Biermann

ZEILOMETER

Damit du dich im Buch schnell zurechtfindest, kann dir ein **Zeilometer** helfen.

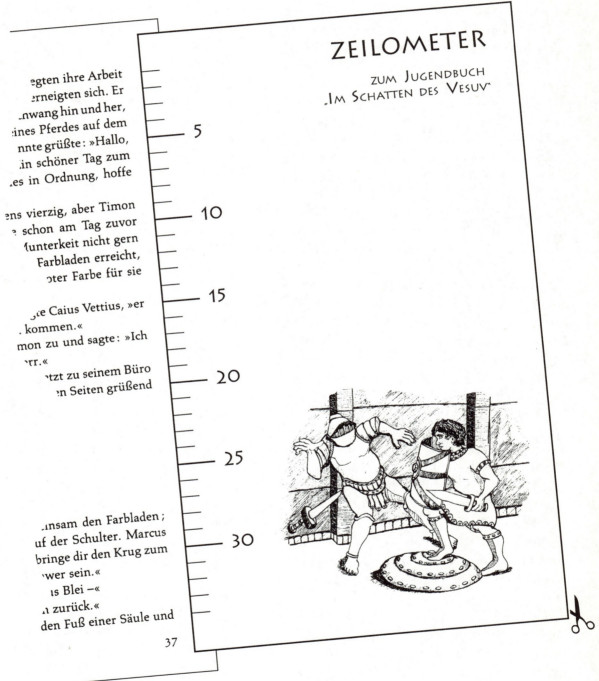

Am besten klebst du die Vorlage auf dünnen Karton und schneidest sie dann aus.

WORTERKLÄRUNGEN I

Seite

Agerola Ort auf der Halbinsel von Sorrent, zwischen → Stabiae (heute: Castellammare di Stabia) und Amalfi gelegen

Allee von Bäumen eingefasste Straße

Amphitheater oben offenes Theatergebäude in Form einer Ellipse, Sitzreihen in Stufen aufsteigend; diente für Tierhetzen und Gladiatorenkämpfe

Andromeda Tochter eines äthiopischen Königs, Gemahlin des → Perseus; heute Name eines Sternbildes mit dem Andromeda-Nebel

Arena (sandbestreuter) Kampfplatz, Kampfbahn

Argus Riese mit hundert Augen; vgl. die Redensart „mit Argusaugen"

arricio erste Mörtelschicht, meist auf den Stein geworfen

As röm. Münze; ursprünglich ein Kupferbarren von 1 Pfd, später wurde sein Wert immer mehr verringert

Atrium Hauptraum des altrömischen Hauses mit offenem Dach

Auctus Zunahme, Wachstum, Gedeihen

Basilika eigentl. „Königshalle"; in Pompeji Treffpunkt der Geschäftsleute und der Anwälte mit ihren Klienten; enthielt auch das *tribunal*, in dem Gerichtsverhandlungen stattfanden

Baumzikade dt. Zirpe (vgl. zirpen); Insekt, das mit den Hinterbeinen springen kann; die Männchen tragen Zirporgane an den Hinterbeinen, mit denen sie hörbar zirpen können.

Brundisium heute Brindisi; bedeutendste Hafenstadt an der Ostküste Süditaliens, war durch die Via Appia mit Rom verbunden, Kriegshafen und Haupthafen für den Personenverkehr mit Griechenland

Seite

Campania Kampanien; Landschaft in der weiteren Umgebung Neapels; das fruchtbare, klimatisch angenehme Gebiet war beliebter Sommeraufenthalt reicher Römer

Capri Insel im Golf von Neapel; wegen des angenehmen Klimas beliebter Sommeraufenthaltsort, trägt kaiserliche Villen und Bäder

Circe Zauberin, die Odysseus an der Heimkehr hindern will

Circeji Stadt und Gebirge an der Westküste Mittelitaliens

Cornelia Frauenname (nach einer vornehmen römischen Familie)

Forum freier Platz in röm. Städten; diente als Markt-, Gerichtsplatz und für Volksversammlungen

Freigelassene ehemalige Sklaven, die unter dem Schutz ihres ehemaligen Herren standen, aber Bürgerrecht besaßen; ihre Nachkommen waren den freien Römern gleichberechtigt

Fresco (Wand-) Malerei, auf frischem Kalkmörtel angebracht

Fries Zierstreifen oder steinernes Schmuckband in Tempeln oder an Wänden

Galerie balkonartiger Gang, der Räume verbindet

Gallo Name; *gallus* = „der Hahn"

Garum würzige Fischsoße

Gladiator Kämpfer in den öffentlichen Kampfspielen, meist Sklave oder Kriegsgefangener

Lesedetektiv
In diese Spalte kannst du die Buchseite eintragen, auf der du das jeweilige Wort gefunden hast.

WORTERKLÄRUNGEN II

Seite

Glaucus Name (in Homers „Ilias" auch eines Kämpfers vor Troja)

Golf größere Meeresbucht

Gorgonen drei weibliche Ungeheuer von abstoßendem Aussehen; eine von ihnen, die Medusa, verwandelte durch ihren Anblick die Menschen in Stein

Herculaneum Stadt in der Nähe Pompejis; wurde beim Vesuvausbruch im Jahre 79 n. Chr. durch Schlamm und Lava zerstört

Herkules gr. Herakles; Sohn des Zeus, berühmt durch seine zwölf Aufgaben

Ischia Insel im Golf von Neapel, bekannt wegen der Heilquellen

Isis ägyptische Göttin, durch Soldaten im römischen Reich bekannt und verehrt

Julius Caesar römischer Feldherr und Politiker, 44 v. Chr. von politischen Gegnern ermordet

Jupiter gr. Zeus; Vater der Götter, Herrscher über das Weltall; das Zeichen seiner Macht ist ein Bündel Blitze, sein Begleiter ein Adler

Kai befestigtes Ufer zum Be- und Entladen von Schiffen

Kurier Eilbote

Leeseite die dem Wind abgewandte Seite des Schiffes

Linus Sohn des Gottes Apoll, Lehrer des → Herkules in der Musik

Livia röm. Frauenname

Lucina „Lichtbringerin"; Göttin der Geburt, Urheberin schwerer Träume

Marso Marsus; Angehöriger des Volkes der Marsen, die an der Spitze eines Aufstandes gegen die Römer standen

Massaker Gemetzel

Matrone ältere, verehrungswürdige Frau

Seite

Mausoleum großes, prächtiges Grabgebäude

Medaillon Bildkapsel, rundes oder ovales Bild

Misenum Stadt und Gebirge am Golf von Neapel, wichtigster röm. Kriegshafen

Mosaik Einlegearbeit aus vielen Steinchen oder Glasstückchen

Musen die neun griechischen Göttinnen der Künste

Neapolis (ehemals griechische) Stadt in der Nähe Pompejis, heute: Neapel

Neptun griechisch Poseidon; Gott des Meeres

Nola Stadt nordöstlich Pompejis am Schnittpunkt wichtiger Handelsstraßen

Osiris ägyptischer Gott des Wachstums, später in Griechenland und Rom verehrt

Paestum Stadt ca. 100 km südlich Pompejis am Meer gelegen; heute bedeutende Ausgrabungsstätte

Pallas Athene gr. Göttin; Lieblingstochter des Göttervaters Zeus (bei den Römern → Jupiter), kämpferische Göttin, Schutzgöttin der Stadt Athen

Papyrus Schreibrolle; wurde aus dem Mark der Papyruspflanze hergestellt (vgl. Papier)

Patron Schutzherr seiner → Freigelassenen oder Klienten (= abhängige Schutzbefohlene einer altrömischen Sippe)

Lesedetektiv
In diese Spalte kannst du die Buchseite eintragen, auf der du das jeweilige Wort gefunden hast.

WORTERKLÄRUNGEN III

Seite

Perseus Sohn des Gottes Zeus (bei den Römern → Jupiter) und einer menschlichen Frau; vgl. Perseussage

Pier Landungsbrücke für Schiffe, Hafendamm

Pinie Kiefer der Mittelmeerländer mit schirmartiger Krone

Plinius röm. Admiral; sein Neffe war ein röm. Schriftsteller und Beamter

Proculi bekannte Familie in Pompeji

Puteoli heute Pozzuoli; Stadt am Golf von Neapel

Putte Figur eines kleinen nackten Knaben (meist mit Flügeln)

Quintus röm. Vorname (= „der Fünfte")

Regulus Prinz, Häuptling, Fürst, kleiner König; auch Name in einem Adelsgeschlecht

Riemen Ruder, von lat. *remus*

Rom Hauptstadt des Römischen Reiches; ca. 250 km nördlich Pompejis

Salerno Stadt südöstlich Pompejis am gleichnamigen Golf

Sandyx rote Mineralfarbe; Scharlachrot

Saturnalien Fest des Saturn (Gott der Saat, der Zeit); an diesen Tagen beschenkte man sich, gab den Sklaven Redefreiheit und bediente sie bei Tisch

Scaurus „Klumpfuß"; Name mehrerer bekannter Adeliger

Schirokko warmer, manchmal stürmischer Wind im Mittelmeergebiet, der seinen Ursprung in den Wüsten Nordafrikas hat

Senator Mitglied des Senats, der Versammlung meist adliger ehemaliger Beamter

Sesterze wichtigste röm. Münze; in der Kaiserzeit aus Messing = 4 As

Stabiae heute Castelammare di Stabia; Stadt am Golf von Neapel, wegen seiner Heilquellen beliebter Kurort

Seite

Statue Standbild, plastische Darstellung eines Menschen oder Tieres

Taverne Weinschenke, Wirtshaus

Timon gr. Vorname

Tirade Wortschwall

Toga Obergewand der Römer aus weißem Schafwollstoff; Knaben trugen bis zum Eintritt ins Mannesalter eine purpurbesetzte Toga, in der Trauer trug man schwarze Togen

Tullio röm. Name; vgl. M. Tullius Cicero

Tutor Schützer, Vormund; auch Lehrer und Ratgeber

Venus griechisch Aphrodite; Göttin der Schönheit und Liebe

Vettius vornehme, reiche Familie in Pompeji; bekannt sind die Brüder Aulus Vettius Restitutus und Aulus Vettius Conviva

Vulkan feuerspeiender Berg mit Krater, nach Vulcanus, dem römischen Gott des Feuers

Zirkus röm. Renn- oder Kampfspielbahn (→ Amphitheater)

Zypressen schlanke Kiefernpflanze des Mittelmeergebietes

Lesedetektiv
In diese Spalte kannst du die Buchseite eintragen, auf der du das jeweilige Wort gefunden hast.

MIT TIMON DURCH DIE STADT

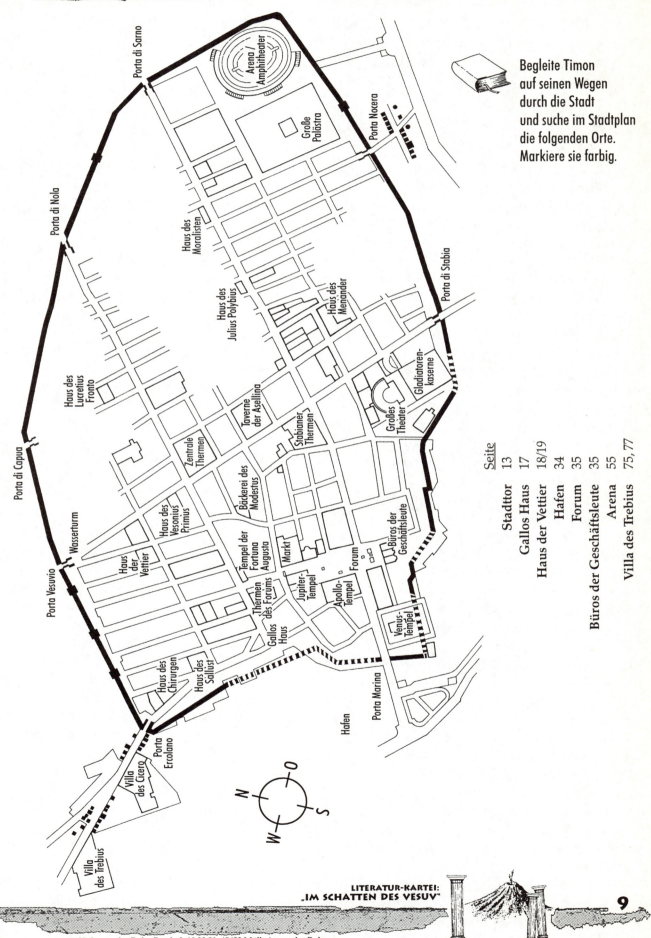

Begleite Timon auf seinen Wegen durch die Stadt und suche im Stadtplan die folgenden Orte. Markiere sie farbig.

	Seite
Stadttor	13
Gallos Haus	17
Haus der Vettier	18/19
Hafen	34
Forum	35
Büros der Geschäftsleute	35
Arena	55
Villa des Trebius	75, 77

LITERATUR-KARTEI: „IM SCHATTEN DES VESUV"

REISE NACH POMPEJI

Wie würdest du von deinem Wohnort mit dem Auto oder mit der Bahn nach Pompeji fahren? Nimm einen Atlas zu Hilfe und zeichne die Fahrstrecken in die Karte ein.

Wie weit ist deine Reise?

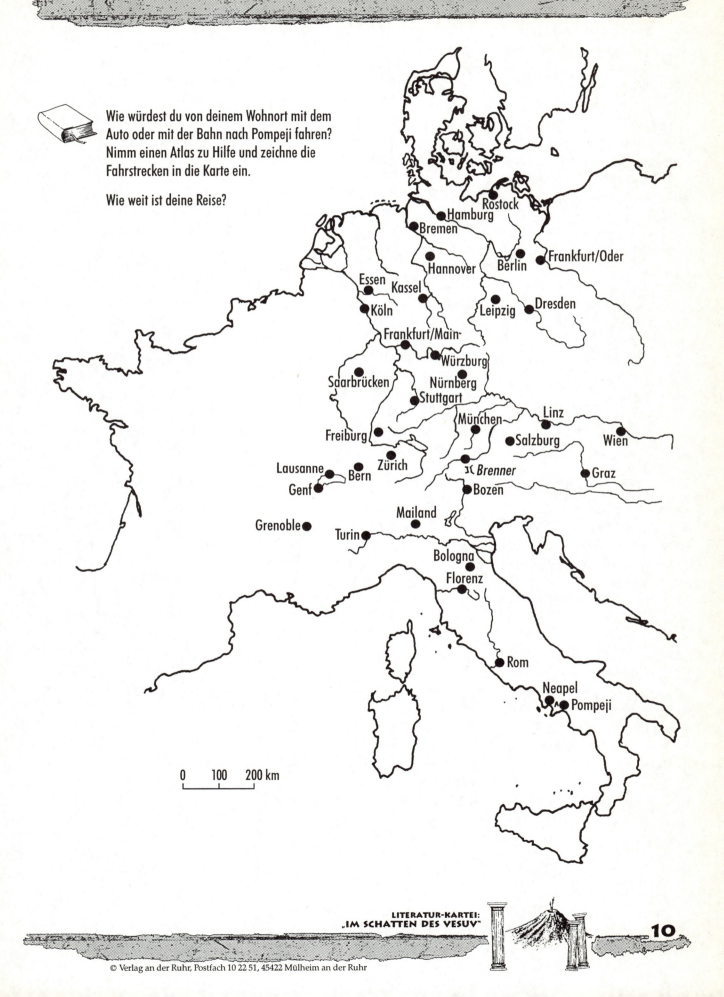

LITERATUR-KARTEI: „IM SCHATTEN DES VESUV"

RÖMISCHE ORTE: DAMALS UND HEUTE

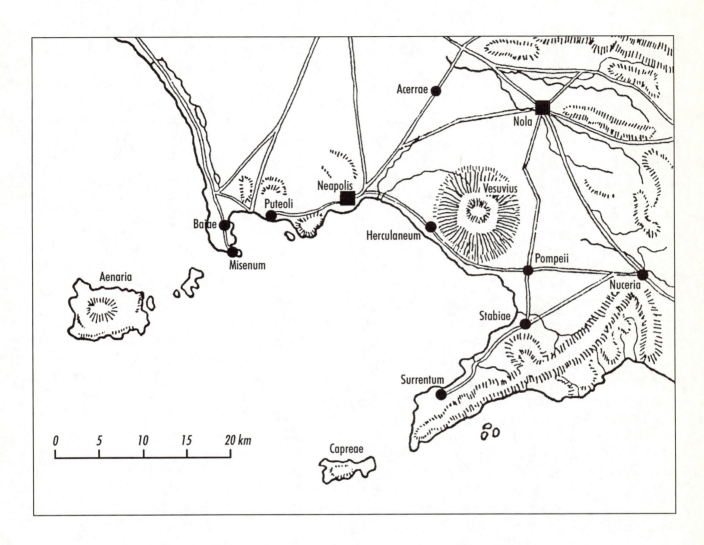

 Stelle mit Hilfe eines Atlasses fest, wie die römischen Orte heute heißen.

Pompeii _____   Nuceria _____

Stabiae _____   Herculaneum _____

Neapolis _____   Puteoli _____

Misenum _____   Baiae _____

Acerrae _____   Nola _____

Vesuvius _____   Surrentum _____

Capreae _____   Aenaria _____

ERSTE INFOS

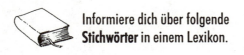 Informiere dich über folgende **Stichwörter** in einem Lexikon.

 Schreibe heraus, was du für wichtig hältst.

VULKANE

POMPEJI

SKLAVEREI

DIE SKLAVEN

Die Sklaven wurden auf Märkten verkauft. Sie standen auf einem Podium mit einem Täfelchen um den Hals, auf dem ihr Name, ihre Herkunft und ihre besonderen Fähigkeiten standen. Die Käufer besahen sie von allen Seiten, befühlten ihre Muskeln und prüften ihre Intelligenz. Die Sklavenhändler waren sehr geschickt im Anpreisen nicht vorhandener Fähigkeiten und im Vertuschen von Mängeln. Das Los der Sklaven war sehr verschieden; es hing davon ab, ob sie Arbeiten auf dem Land oder in der Stadt verrichten mussten.

Sklaven in städtischen Familien

Die weniger begabten Sklaven mussten die Hausarbeiten verrichten. Sie mussten in der Küche arbeiten, das Haus instand halten, Besorgungen in der Stadt machen oder die Tür bewachen. Zeigten sich die Sklaven intelligent und ehrgeizig, so erhielten sie eine Ausbildung, sodass sie den Betrieb ihres Herrn leiten und sein Vermögen verwalten konnten. Sie waren Schatzmeister oder Kassenverwalter und konnten zum Sekretär ihres Herrn aufsteigen. Sie mussten ihre Herren bei Geschäften vertreten, da diese oft selber nicht schreiben und lesen konnten. Solche Sklaven in Vertrauenspositionen wurden oft freigelassen, sie blieben dann häufig in Verbindung mit ihrem Herrn. Ihre Kinder konnten in die Oberschicht aufsteigen.

Sklaven in ländlichen Familien

Ganz anders ist das Schicksal der Sklaven auf dem Land. In den großen Plantagen standen sie unter Aufsicht des Verwalters und der Vorarbeiter, die sich oft nicht scheuten, sie in Ketten arbeiten zu lassen. Abends wurden sie dann in richtigen Gefängnissen eingeschlossen und mussten unter entsetzlichen Bedingungen die Nacht verbringen. Jeden Morgen mussten sie unter strenger Bewachung auf die Felder. In Landhäusern, in denen die Besitzer selber lebten, bekam jede Sklavenfamilie eine kleine Hütte. Man hat Häuser mit Böden aus gestampfter Erde, Wänden ohne Verputz und mit armseligen Möbeln gefunden. Eine Villa ist wie eine Gladiatorenkaserne gebaut: Um einen Hof sind viele kleine Räume angeordnet, von denen einige wohl für widerspenstige Sklaven bestimmt waren. Man hat in ihnen Fesseln gefunden.

Sklaven in Pompeji

In Pompeji gab es wohl nur selten solche unmenschlichen Lebensbedingungen. Gewerbe, wie die Herstellung von Garum, Färbereien und Gerbereien, bedienten sich der Sklaven. Oft hatte ein Sklave mehr Lebenssicherheit als ein freier Arbeiter oder Handwerker. Die durchschnittliche Lebenserwartung eines Sklaven allerdings betrug 14 ½ Jahre, die eines Freien 30 Jahre.

Lies auf den folgenden Seiten des Buches nach, was dort über Sklaverei steht und mache dir Notizen: S. 6, Z. 9–20; S. 13, Z. 6–30; S. 16, Z. 1–14; S. 20, Z. 1–7; S. 24, Z. 32 – S. 26, Z. 13; S. 34, Z. 14–18; S. 80, Z. 11–30; S. 130, Z. 3–13; S. 133, Z. 19–31; S. 135, Z. 11–15.
Gibt es Widersprüche zum obigen Text?

Ergänze die allgemeine Beschreibung auf diesem Blatt durch Beispiele. Du kannst dafür die Erfahrungen heranziehen, die Timon, der Tutor und die anderen Sklaven im Buch machen.

Woher kamen die Sklaven?

Für welche anderen Tätigkeiten wurden Sklaven wohl auch eingesetzt?

Sklaverei – Was meinst du dazu? Überlege auch, ob es in deinem Land oder in anderen Ländern noch heute ähnliche Arbeitsverhältnisse gibt, die sich nur anders nennen.

ERSTE AHNUNGEN

*„Und doch, ich bin immer froh,
wenn ich heil wieder aus Pompeji heraus bin."*
(S. 7, Z. 20f.)

 Timon kann Scrofas Abneigung gegen den Vesuv und die Stadt Pompeji gar nicht verstehen.
Lies auf den Seiten 7 (letzter Absatz) und 8 (erster Absatz) nach, wie er den Vesuv und seine Umgebung beim ersten Mal sieht.

 Vervollständige die Skizze auf diesem Blatt so, dass sie Timons ersten Eindruck vom Vesuv wiedergibt.

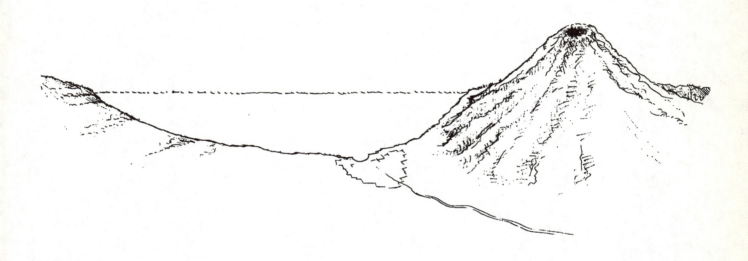

Fasse hier Timons Eindruck vom Vesuv zusammen.

_____

_____

_____

_____

_____

LIVIAS PFANNKUCHEN

Dann lachte Livia und sagte:
„Ich hab' gehört, dass du schließlich meinen Pfannkuchen
nicht widerstehen konntest."
(S. 22, Z. 27ff.)

2 Tassen Mehl
2 Eier
4 Esslöffel (Oliven-) Öl
1 Prise Salz
ca. 2 Tassen Milch
(der Teig soll etwas fließen)
Honig zum Süßen

Verrühre die Zutaten zu einem flüssigen Teig, erhitze in einer Pfanne Olivenöl und backe aus dem Teig kleine Pfannkuchen.

 Wie Livia ihre Pfannkuchen genau gebacken hat, erfahren wir nicht. Ihr könnt aber das Rezept links ausprobieren.

 Wie werden bei euch zu Hause Pfannkuchen gebacken? Schreibt die Rezepte auf, tauscht sie aus und backt sie nach!

 Welche eurer Zutaten wurden von den Römern noch nicht benutzt? Prüft eure Vermutungen mit Hilfe eines Lexikons nach.

So könnte in Livias Küche gesprochen worden sein:

CENA PARATA EST!
(Das Essen ist fertig!)

AGENDUM!
(Lasst uns anfangen! Los!)

PRANSUS SUM! (männlich)
PRANSA SUM! (weiblich)
(Ich bin satt!)

LITERATUR-KARTEI: „IM SCHATTEN DES VESUV"

EINE POMPEJANISCHE SPEZIALITÄT: GARUM

„Was hast du denn in dem Topf?"
„Fischsoße – Garum. Die verkaufe ich jetzt."
„Wann hast du denn damit angefangen? … Es riecht köstlich …"
(S. 23, Z. 18ff.)

Ob euch Garum schmecken würde?
Hier die Beschreibung der Herstellung:

> „Man salze in einem Gefäß die Eingeweide von Fischen ein und füge dem alles mögliche kleine Fischzeug wie Sardinen, Meerbarben, Laxierfische und Seeschmetterlinge hinzu, die man ebenfalls salzt; dann lasse man das Ganze an der Sonne ziehen, wobei man es des Öfteren umrühre. Ist es gut zersetzt …, so treibe man alles durch ein Sieb.
> Die Masse, die im Sieb zurückbleibt, heißt *allec*; die Flüssigkeit, die durchläuft, ist das *garum*."
> *(zitiert nach: Karl-Wilhelm Weeber: Alltag im alten Rom. Ein Lexikon, Zürich: Artemis & Winkler 1995, S. 298f.)*

Die Flüssigkeit wurde in einem Kessel über dem Feuer eingedickt und dann in Flaschen abgefüllt. Das *allec* war als minderwertiges Gewürz den Sklaven vorbehalten und wurde auch von den Armen gekauft.

Das beste *garum* wurde aus Thunfisch, spanischen Makrelen und Muränen hergestellt. Pompejanisches *garum* wurde im ganzen Römischen Reich gehandelt. Der Großunternehmer A. Umbricius Scaurus belieferte Großhandlungen, die das pompejanische *garum* im Reich bekannt machten. Die Stadtverwaltung von Pompeji errichtete aus Dankbarkeit ihm zu Ehren eine Reiterstatue.

 Stellt in einer Bilderserie mit sechs Bildern und kurzen Erläuterungen dar, wie das Garum hergestellt wurde. (Ihr könnt auch in Gruppen Plakate für die Klasse anfertigen.)

 Kennt ihr ähnliche heutige Gewürze? Informiert euch über ihre Herstellung.

LEBEN FÜR DEN ZIRKUS?

Das Beste, was ein Römer für einen tun konnte, war, einen mit in den Zirkus zu nehmen.
(S. 14, Z. 32f.)

„In allen Städten ist es das gleiche – die Leute leben für den Zirkus ..."
(S. 16, Z. 19f.)

 Lest die Seiten 15/16, 55 (letzter Absatz)–57, 100–103 und schreibt heraus, wie die Personen zu den Zirkusspielen und Gladiatoren stehen.

Timon: _____

Scrofa: _____

Marcus: _____

Pompejanerinnen: _____

und du?

LITERATUR-KARTEI: „IM SCHATTEN DES VESUV"

WOZU DER ZIRKUS FÜHREN KANN ...

Über ein Ereignis, das zeigt, wie weit die Begeisterung der Römer und ihre Parteinahme gehen konnte, berichtet ein römischer Geschichtsschreiber:

Im Jahre 59 n. Chr. „rief ein unbedeutender Anlass ein schreckliches Massaker unter den Kolonisten von Nuceria und Pompeji hervor. Es geschah während eines Gladiatorenkampfes, den Livineius Regulus veranstaltete ... Zügellos, wie die Bewohner kleiner Städte sind, neckten und beschimpften sie sich zuerst, dann griffen sie zu Steinen und schließlich zu den Waffen. Das Volk von Pompeji ... behielt die Oberhand. Viele Bewohner von Nuceria wurden verstümmelt und verwundet nach Rom transportiert. Zahlreich waren diejenigen, die einen Sohn oder Vater beweinten ... vor dem Senat wurden der Stadt Pompeji für zehn Jahre alle derartigen Zusammenkünfte verboten ... Livineius und die anderen Anstifter des Kampfes wurden mit dem Exil bestraft."
(Tacitus: Ann. XIV, 17.)

 Welche Gründe gibt der römische Geschichtsschreiber für den Streit im Amphitheater an?

 Überzeugen diese Gründe euch? Vergleicht sie mit denen zu heutigen Vorfällen ähnlicher Art.

 Beschreibt den Bau des Amphitheaters. Beachtet dabei die Lage an der Stadtmauer und das Zeltdach im Hintergrund.

Rechts im Bild die Palästra; sie diente als Sportplatz, für Spaziergänge, Hahnenkämpfe, als Sklavenmarkt und Kasernenhof.
Im Hintergrund links und rechts die Stadtmauer.
Das Amphitheater maß 140 m x 105 m, die Arena 67 m x 35 m.
Die Arena war von einer 2,50 m hohen Mauer umgeben,
35 Sitzreihen und Logen in der oberen Galerie fassten 20.000 Zuschauer.

KAMPF IN DER ARENA: SCHNEE VON GESTERN?

44 Festnahmen, mehrere Verletzte
800 Hooligans randalierten

Rotterdam (dpa). 700 bis 800 Fußball-Hooligans aus beiden Lagern haben gestern bereits vor dem Länderspiel der Niederlande gegen Deutschland in Rotterdam randaliert und sich geprügelt. Bürgermeister Bram Peper erließ einen Notbefehl, der vorsorgliche Maßnahmen ermöglichte. Bis zum Anpfiff wurden 44 Hooligans arretiert. Vier Menschen wurden bei Messerstechereien verletzt. In den Schlussminuten wüteten die Deutschen im Fanblock.

Schon am Nachmittag hatten deutsche Fans in der Innenstadt Scheiben eingeworfen, Anpflanzungen zerstört und Absperrungen durchbrochen. Die Polizei versuchte, die im Hauptbahnhof eintreffenden Fangruppen aus Deutschland in Sonderzüge zum Feyenoord-Stadion zu verfrachten und dabei von den niederländischen Fans zu trennen. In der City griffen drei Männer einen Deutschen an und verletzten ihn. Eine zweite Messerstecherei gab es am Abend in der Nähe des Stadions.

Im deutschen Fanblock sorgten Rassisten mit diversen Rufen und Urwaldlauten gegen die farbigen niederländischen Spieler für Missstimmung im Stadion. In den Schlussminuten des Spiels versuchten deutsche Hooligans, aus den hermetisch abgeriegelten Rängen auszubrechen. Sie traten gegen die Zäune und hoben die Türen aus den Angeln. Niederländische Zuschauer flüchteten in Panik.

Der Rotterdamer Polizeidirektor Peter van Zunderd hat harte Strafen für Randalierer angekündigt. Für Morgen ist bereits ein Gerichtssaal für Schnellverfahren reserviert. Wer gewalttätig werde, müsse mit Haftstrafen oder zumindest hohen Geldbußen rechnen. Außerdem sollen die Randalierer keine Karten für die Europameisterschaft bekommen.

 Nicht nur bei Fußballspielen kommt es zu solchen Gewalttätigkeiten. Kennt ihr andere Beispiele?

Wie kommt es zu solchen Gewalttätigkeiten? Seht ihr Lösungsmöglichkeiten?

 Schreibt den Brief eines festgenommenen Hooligans an seine Eltern.

DAS HAUS DER VETTIER

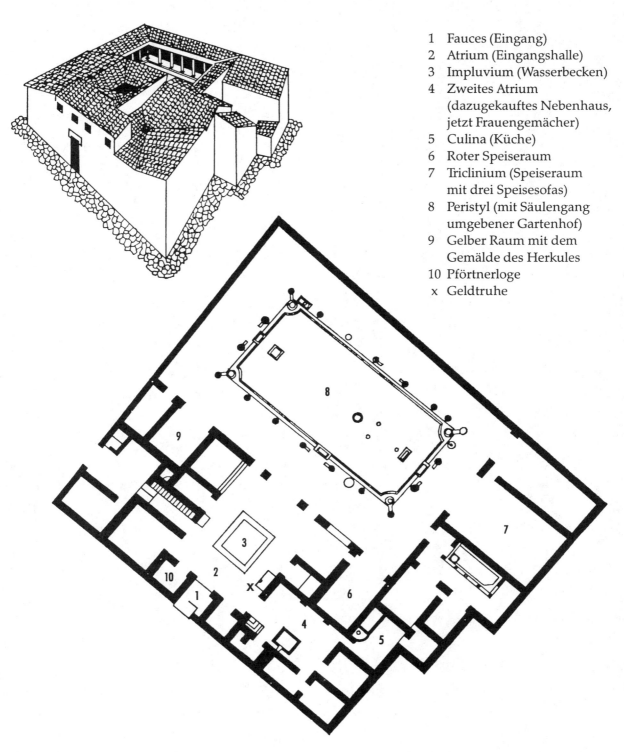

1. Fauces (Eingang)
2. Atrium (Eingangshalle)
3. Impluvium (Wasserbecken)
4. Zweites Atrium (dazugekauftes Nebenhaus, jetzt Frauengemächer)
5. Culina (Küche)
6. Roter Speiseraum
7. Triclinium (Speiseraum mit drei Speisesofas)
8. Peristyl (mit Säulengang umgebener Gartenhof)
9. Gelber Raum mit dem Gemälde des Herkules
10. Pförtnerloge
x. Geldtruhe

 Stelle fest, in welchen Räumen Scrofa und Timon malen.

Wo haben die Brüder Vettius einen Verkaufsraum eingerichtet?

 Versuche, einen Grundriss eurer Wohnung oder eures Hauses zu zeichnen. Welche grundsätzlichen Unterschiede gibt es?

EIN FREMDENFEINDLICHES BUCH?

*„Er war zwar ein Grieche,
aber doch ein netter Bursche …"*
(S. 14, Z. 23)

 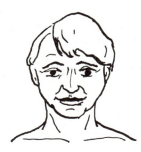  

 Sammelt in Gruppen ähnliche Äußerungen, die ihr heute hört, und überlegt, wie sie entstehen könnten.

Welcher Ausdruck trifft auf solche Aussagen am besten zu: Abneigung, Befangenheit, Eigensinn, Einseitigkeit, Engherzigkeit, Feindbild, Intoleranz, Parteilichkeit, Radikalismus, Unduldsamkeit, Unversöhnlichkeit, Voreingenommenheit, Vorurteil? Sucht für jeden Begriff passende Äußerungen und schreibt sie auf.

 „Durch solche Äußerungen in ihrem Buch unterstützt die Autorin Fremdenfeindlichkeit." Sprecht darüber, ob dieser Vorwurf berechtigt ist.

 Schreibe einen Brief an die Autorin Eilis Dillon, in dem du darüber nachdenkst, wie solche Äußerungen in einem Jugendbuch auf die Leser wirken.

 An den folgenden Stellen des Buches findet ihr weitere Äußerungen über Fremde:
S. 5, Z. 24–28; S. 29, Z. 26/27;
S. 47, Z. 7–14; S. 54, Z. 24/25;
S. 57, Z. 23–26; S. 80, Z. 25–27.
Sammelt sie in einer Tabelle nach dem folgenden Muster:

Seite, Zeile	Sprecher	Äußerung	Besprochener
14, 23	ein Torwächter (Römer)	„Es war zwar ein Grieche, aber doch ein netter Bursche …"	ein griechischer Sklave

RÖMER UND FREMDE

„… Faulheit und Zügellosigkeit der Griechen …"
(Tacitus, Hist. III, 2)

„Römische Bürger, ich kann ein vergriechtes Rom nicht ertragen; ihre Sprache und Moral, Flötenspieler und die schrägen Saiten der Harfe, auch ihre heimischen Tamburine und die Mädchen, die sich beim Circus anbieten müssen. Flink ist ihr Sinn, nichtswürdig ihre Frechheit, schlagfertig ihre Rede. Soll ich den Purpurgewändern dieser Menschen nicht entfliehen? Vor mir soll jener Urkunden unterschreiben, den besseren Platz bei Tisch soll der einnehmen, den der Wind zusammen mit Pflaumen und Feigen nach Rom verwehte? Soll es nichts bedeuten, dass ich in meiner Kindheit die Luft Roms atmete und mit italischer Olive ernährt wurde? Wir stehen also nicht auf gleicher Stufe."
(Juvenal, Sat. III, 57ff.)

„Manchen aber beschied das Schicksal einen Vater, der den Sabbat verehrt – die beten nichts an außer den Wolken und einer Himmelsgottheit und glauben, dass Schweinefleisch, dessen sich der Vater enthielt, sich nicht von Menschenfleisch unterscheide. Bald lassen sie sich auch beschneiden; dann gewohnt, Roms Gesetze zu verachten, studieren und beobachten und fürchten sie das jüdische Gesetz, wie Moses es im geheimen Buche weitergab. Daran ist ihr Vater schuld, dem jeder siebte Tag der Faulheit gewidmet war."
(Juvenal, Sat. XIV, 96ff.)

„Damit er sich des Volkes für die Zukunft versichere, gab Moses ihm neue Kultgebräuche, die im Gegensatz stehen zu denen aller übrigen Menschen. Unheilig ist dort alles, was bei uns heilig, andererseits ist erlaubt bei ihnen, was für uns als Schande gilt."
(Tacitus, Hist. V, 4)

„Denn für die Römer gibt es seit eh und je diesen *einzigen* Anlass mit allen Stämmen, Völkern und Königen Krieg zu führen: ihre unermessliche Begierde nach Herrschaft und Reichtum; verschlagen und erfinderisch in ihrer Treulosigkeit; sie besitzen vom ersten Anfang nichts, was nicht geraubt wäre, Haus und Frauen, Ländereien und Herrschaft. Dass sie einst zusammengelaufene Fremdlinge waren ohne Vaterland und ohne Eltern, geschaffen zum Verderben des Erdkreises, denen keine menschlichen und göttlichen Gesetze im Wege stehen."
(Sall., Epist. Mithridatis, 5)

 Welche Vorwürfe werden gegenüber den Mitbürgern erhoben? Stelle sie in einer Tabelle zusammen.

 Sucht mögliche Gründe für diese Vorurteile. Beachtet dazu vor allem das zweite und das dritte Zitat.

 „Alle Vorurteile beruhen auf Angst." Überprüfe diese Aussage an dem Buch „Im Schatten des Vesuv", den Textstellen auf diesem Arbeitsblatt und an deinen eigenen Erfahrungen.

 Vergleiche die Vorurteile mit heutigen Meinungen über ausländische MitbürgerInnen.

 Wie könnte ein Gespräch zwischen griechischen, jüdischen und römischen Kindern über Vorurteile ablaufen? Macht euch in Gruppen darüber Gedanken und spielt dann der Klasse ein solches Gespräch vor.

 Ein heutiger Geschichtsforscher sagt: „Fremdenfeindlichkeit, die darauf beruhte, dass man meinte einer besseren Rasse von Menschen anzugehören, gab es in der Antike nicht. Auch steigerten sich Abneigungen gegen Angehörige anderer Volksgruppen i.A. nicht zu Gewalttaten oder auch ‚nur' zu Gewaltaufrufen."
(zitiert nach: Karl-Wilhelm Weeber: Alltag im alten Rom. Ein Lexikon, Zürich: Artemis & Winkler 1995, S. 298 f.)
An welche späteren bzw. heutigen Ereignisse mag der Forscher denken, wenn er dies schreibt?

SCHUL-LATEIN

abi – al – au – ben – bus – de – dier – dif – dik – en – fe – fe – fe – fel – gi – glo – gram – gum – har – kel – klas – ko – krei – la – le – li – li – lö – ma – ma – ma – me – mi – mo – mu – ne – nie – no – on – pau – pie – pult – ra – rat – re – re – ren – renz – ri – schrei – schu – se – se – sik – sum – ta – tat – te – ten – the – tik – tik – tin – ton – tur – we – zir

1. Wenn einer spricht und alle anderen schreiben. __ __ __ __
2. Schon der Wolf fraß sie. Wir schreiben lieber damit. __ __ __ __
3. Bequemer als abschreiben. __ __ __ __
4. Das Schönste am (Schul-) Vormittag. __ __ __ __
5. Nicht für sie lernen wir, sondern für das Leben. __ __ __ __
6. Vollkommene … herrscht höchstens, wenn der Schulchor singt. __ __ __ __ __
7. Versammlungsraum in Schulen. __ __ __
8. Vortrag über ein bestimmtes Thema. __ __ __ __
9. Ab der 1. Klasse lernen Kinder lesen und … __ __ __ __
10. Schon der Name ist so kompliziert wie das Fach. __ __ __ __ __
11. Auf diesem Untergrund quietscht 2. __ __ __ __
12. In Rot bei Lehrern sehr beliebt. __ __ __
13. In dieser Stunde können alle gleichzeitig den Mund aufmachen. __ __ __ __
14. Ach, wenn es die doch in der Schule nicht gäbe! __ __ __ __
15. Ohne ihn wird der Kreis ein Ei. __ __ __ __
16. Weiter kann man es in der Schule nicht bringen. __ __ __ __
17. Für Unterrichtende im Klassenraum reserviert. __ __ __ __
18. Er macht die Musik. __ __
19. Die Welt in klein. __ __ __ __ __
20. Steht unter dem Strich. __ __ __ __
21. Wer die beherrscht, schreibt richtige Sätze. __ __ __ __
22. „Ratzefummel" ist sein Spitzname. __ __ __ __ __
23. Mess- und Zeichenhilfe, oft missbraucht. __ __ __ __
24. Die schönste Zeit des Schuljahres. __ __ __ __
25. Der König der Tiere. __ __ __
26. Lerngruppe in der Schule. __ __ __ __
27. Schulfach, in dem das Glauben wichtiger als das Wissen sein kann. __ __ __ __ __
28. Der Unterschied zwischen größer und kleiner. __ __ __ __ __

 Die fett unterstrichenen Buchstaben ergeben – von oben nach unten gelesen – ein für die Römer trauriges, für die Germanen aber freudiges Ereignis:

__ __

POMPEJI HEUTE

Was der Vesuvausbruch des Jahres 79 n. Chr. verschont hat, ist heute wieder von der Zerstörung bedroht. Falsche Restaurierungsmethoden, Vegetation, Feuchtigkeit, die Zerstörungswut mancher Zeitgenossen und wahre Touristenmassen machen es fast unmöglich, die antike Stadt vor dem zweiten Untergang zu bewahren.

Auch **bürokratische Hürden** erschweren die Arbeit in Pompeji. So blockierte die italienische Regierung ca. 50 Mio DM, die 1984 von der Europäischen Gemeinschaft für die Restaurierung Pompejis zur Verfügung gestellt wurden. 1980 hatten Erdstöße Mauern, Säulen, ganze Etagen zum Einstürzen gebracht; viele Bauteile stehen seitdem schief, einige Stadtgebiete mussten gesperrt werden.

Pompeji leidet unter der **Umweltverschmutzung,** aber die **schwerwiegendsten Schäden** werden **von Menschen** verursacht. Pompeji, Ostern 1979: eine gewaltige Besucherschar. Zwischen den Gebäuden steht ein besonderes Haus, das normalerweise nicht besichtigt wird. Die gemauerten und mit Stuck verputzten Säulen im Atrium, dem Innenhof, stehen noch aufrecht. Es ist unmöglich, alle Besucher im Auge zu behalten: Eine Gruppe begibt sich in den Hof und schlägt zum Spaß auf die Säulen ein. Schließlich sind sie zerstört. Man sagt, dass sogar regelmäßige Wettbewerbe in diesem „Zeitvertreib" stattfinden. Graffiti werden immer noch über gut erhaltene Wandgemälde gesprüht. Oder man zieht an den Rändern des Putzes, der dazu neigt sich abzulösen. Als Andenken werden kleine Stuckteilchen von den Wänden gerissen, Marmorstückchen aus Wandverkleidungen herausgebrochen, besonders schöne Motive werden aus den Wandfresken einfach herausgeschnitten. Kleine Standbilder sind nicht mehr zu sehen: In Pompeji gibt es praktisch nur noch das, was man nicht in der Hosentasche oder im Rucksack heraustragen kann. Jährlich kommen etwa 1,5 Mio Besucher.

Außerdem ist die Stadt zum größten öffentlichen Park der dichtbesiedelten Region um Neapel geworden – ideal für Picknick und Hochzeitsfotos! An einigen Ostermontagen hat man an die 22.000 Besucher gezählt. Sie benutzen natürlich auch die Bürgersteige, unter denen die alten Bleirohre der Kanalisation repariert und in geringer Tiefe neu verlegt wurden. Die Besucher treten nach und nach den Boden fort, die Bleirohre kommen wieder ans Tageslicht, werden zerdrückt, zerbrochen und verschwinden. Auf der Via dell'Abundantia sind die Bürgersteige bis auf das Straßenniveau abgetreten.

Die **Fruchtbarkeit der Gegend** bedroht ebenfalls die antiken Ruinen. Die Menschen haben immer die Umgebung des Vesuv geschätzt; denn die Erde dort gilt als eine der fruchtbarsten auf der ganzen Welt. Sie wirkt sich aber katastrophal auf die Ruinenstadt aus: Man kennt 31 verschiedene zerstörende Pflanzen. Sie überwuchern zuerst den nackten Boden. Die gesperrten Gebiete der Stadt – Gärten, Peristyle, Atrien – werden schnell überwuchert, dann die Hausmauern. Die Vegetation greift ebenfalls die Mörtel- und Mosaikfußböden an. Pflanzen siedeln sich in solcher Menge auf den Mauern an, dass diese unter ihrem Gewicht einstürzen. Efeu klettert den Verputz hoch, liegt so schwer auf ihm, dass er abplatzt. Will man den Efeu abreißen, bleibt der Verputz an ihm hängen.

(nach: Robert Etienne: Pompeji. Die eingeäscherte Stadt, Ravensburg: Otto Maier 1991, S. 162ff.)

Wodurch wird Pompeji heute bedroht? Notiere Hinweise aus dem Text.

Habt ihr ähnliche Erfahrungen an anderen Touristenzentren gemacht?

Entwirf ein Plakat, das deutsche Touristen über die Bedrohung Pompejis aufklärt und zum verantwortungsvollen Verhalten auffordert.

**„Am besten wäre es, Pompeji für Touristen ganz zu sperren. Man muss auch bedenken, dass es eigentlich ein Friedhof ist."
Sprecht über diese Forderung!
(Bedenkt dabei, dass 1995 die Eintrittskarte 12.000 Lire = 10 DM kostete.)**

RÖMISCHE SPUREN I

 Städte- und Flussnamen verraten noch heute, dass die Römer bis in unsere Heimat gekommen sind. Suche zu den lateinischen Namen die heutigen und trage sie in die Karte ein.

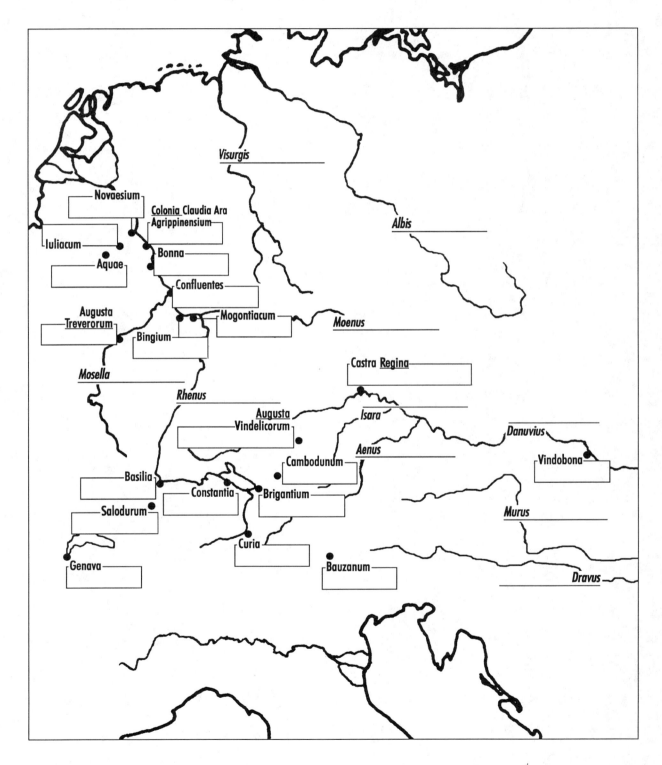

RÖMISCHE SPUREN II

Die Römer hatten eine große Leidenschaft für Prozesse und Gerichtsverhandlungen. Schon früh haben sie wichtige Gesetze auf zwölf bronzenen Tafeln aufgeschrieben und öffentlich ausgestellt. Im Laufe der Jahrhunderte sind diese Gesetze erweitert und verändert worden. Manche von ihnen gelten noch heute bei uns:
- *Rechte und Pflichten bei Miet-, Pacht- und Kaufverträgen*
- *Bestimmungen des Erbrechts*

Wichtige Rechtsregeln, die für uns gelten, kannten auch schon die Römer:
- *Vor Gericht müssen beide Parteien gehört werden. Im Zweifelsfall muss der Richter für den Angeklagten urteilen. Gedanken sind nicht strafbar. Niemand darf ohne Anhörung verurteilt werden. Für dieselbe Tat darf niemand zweimal bestraft werden. Erpresste Geständnisse sind ungültig.*

 Lateinisch angelehnte Wörter benutzen wir noch immer im Gerichtswesen und in der Verwaltung. Gib die Bedeutung der folgenden Begriffe an:

Notar: _____
Justiz: _____
Prozess: _____
Sekretär: _____
Jurist: _____
Klient: _____
Delikt: _____
Testament: _____

 Wie erklärt ihr euch, dass wir diese ehemals lateinischen Wörter in unserer Sprache finden?

Auch auf vielen anderen Gebieten haben die Nachbarvölker der Römer von ihnen gelernt und dabei lateinische Wörter übernommen.

 Trage die deutschen Wörter in die Liste unten ein und überprüfe sie mit Hilfe eines Wörterbuches. Überlege dann, auf welchen Gebieten unsere Vorfahren von den Römern gelernt haben.

römisches Wort	deutsches Wort (= Lehnwort)
fructus	Frucht
planta	_____
rosa	_____
pirum	_____
nux	_____
radix	_____
vinum	_____
caseus	_____
orgia	_____
carrus	_____
strata	_____
murus	_____
fenestra	_____
camera	_____
cellarium	_____
caminus	_____
canalis	_____
villa	_____
lampas	_____
discus	_____
tabula	_____
moneta	_____
Augustus	_____
papyrus	_____
sandalium	_____
catapulta	_____

RECHNEN WIE DIE RÖMER

RÖMISCHE ZAHLEN								
I		III	IV	V	VI	VII		IX
1	2	3	4	5	6	7	8	9
X		XXX		L	LX	LXX		XC
10	20	30	40	50	60	70	80	90
C	CC				DC	DCC	DCCC	
100	200	300	400	500	600	700	800	900
M			MMMM					
1000			4000					

Der Tabelle kannst du entnehmen,
wie römische Zahlen geschrieben werden.
Neun römische Zahlen fehlen jedoch.
Wenn du das System einmal durchschaut hast,
kannst du sie sicher ergänzen.
Beachte, dass außer M alle Zeichen
höchstens dreimal hintereinander stehen.

Diktiert euch gegenseitig Zahlen
und schreibt sie mit römischen Ziffern.
Kontrolliert die Lösungen.

Die römischen Zahlzeichen benutzen wir
nur noch selten. Kennst du Beispiele?

Findet ihr in eurer Gemeinde lateinische
Inschriften oder Inschriften mit römischen
Zahlzeichen?
Sammelt sie und versucht sie zu entziffern.

An alten Gebäuden finden wir noch oft römische Zahlen wie in diesem Beispiel aus Warendorf bei Münster:

Aere **I**oseph**I**n**I**
(Die Verehrer des heiligen Joseph)

resta**V**ra **V**ere **CLI**entes,
(ließen dieses Bauwerk wiederherstellen,)

Q**V**o**D** f**V**erat p(ro)f **V**gos p(er)
(das im Laufe der Zeit)

Laps**VM** pene p(er) a(nn)os
(fast ganz verfallen war.)

Wann wurde die Kirche renoviert?
Die Jahreszahl ergibt sich, wenn du
die römischen Zahlzeichen in dieser Inschrift
zusammenzählst.

Die Kirche ist im Jahre ☐ renoviert
worden.

*(nach: Freya Stephan-Kühn: Viel Spaß mit
den Römern!, Würzburg: Arena 1982, S. 134)*

EINE RÖMISCHE „RECHENMASCHINE"

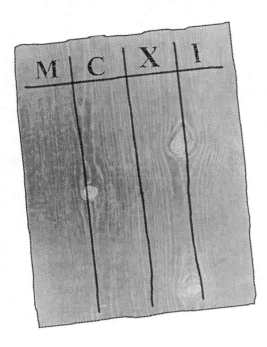

Die Römer benutzten auch schon eine Art „Rechenmaschine", den *abakus*. Du kannst ihn nach der Vorlage unten aufzeichnen oder aus einem Brettchen mit schmalen Leisten als Unterteilung basteln. Du benötigst außerdem Knöpfe, Pfennige oder Ähnliches als Rechensteine.
Die Römer benutzten dazu kleine Kalksteinchen, die *calculi*. Daher kommt ein Fremdwort, das wir für *rechnen* benutzen:

Jeder Stein auf dem *abakus* bedeutet den Wert, der über seiner Spalte steht.
2 Steine in Spalte **I** zählen also 2,
4 Steine in Spalte **X** zählen 40 usw.

Wie mit dem *abakus* gerechnet wurde, kannst du an dem folgenden Beispiel für eine Addition erkennen:

129 + 887 = ?

Zuerst legst du die 129 hin.

Jetzt legst du die 887 dazu.

Nun nimmst du 10 Steine aus Spalte I weg und legst dafür einen in Spalte X.

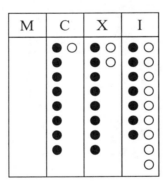

Dann nimmst du 10 Steine aus Spalte X weg und legst dafür einen in Spalte C.

Zum Schluss das Gleiche von Spalte C nach M.

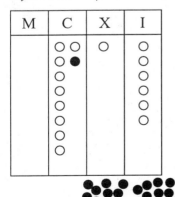

Das Ergebnis kann nun abgelesen werden:
MXVI = 1016

(nach: Landschaftsverband Rheinland (Hg.): Römer in Xanten. Schülerheft 2, Köln 1991, S. 16 f.)

SCHREIBEN WIE DIE RÖMER

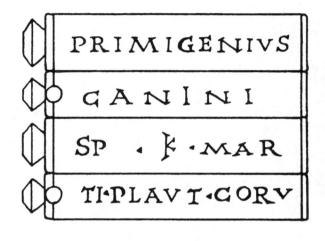

Primigenius
Canini (servus)
sp(ectavit) k(alendis) Mar(tiis)
Ti(berio) Plau(tio) T(ito) Corv(ino consulibus)

Primigenius, Sklave des Caninius, hat
(die Rechnung) geprüft an den Kalenden des März
im Konsulatsjahr des Tiberius Plautus
(und) des Titus Corvinus
(1. März 45 n. Chr.)

(Bulletino della Commissione Archeologica Comunale in Roma 68/1940, S. 201)

Campanier, bei unserem Sieg seid ihr
mit den Nucerianern unterlegen.

(Helen H. Tanzer: The Common People of Pompeii, Baltimore: 1939, S. 74)

 Die Buchstaben unserer Schrift stammen von den Römern. Schreibt die Inschriften mit unseren GROSSBUCHSTABEN!

Eine Inschrift befindet sich auf einem Holztäfelchen, die andere an einer Hauswand. Welche Unterschiede stellst du fest?

 Sammelt Beispiele dafür, dass sich auch unsere Schrift mit dem Schreibmaterial ändert.

SPIELEN WIE DIE RÖMER

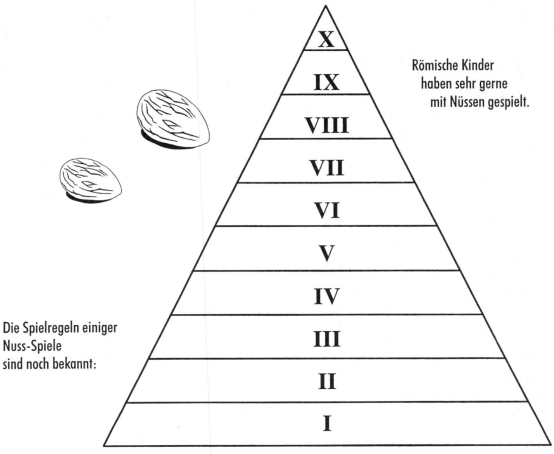

Römische Kinder haben sehr gerne mit Nüssen gespielt.

Die Spielregeln einiger Nuss-Spiele sind noch bekannt:

DELTA-SPIEL
Zeichnet ein großes Dreieck auf den Boden oder in Sand und unterteilt es wie in der Skizze waagerecht in zehn Felder.
Jedes Feld hat seinen Wert von I bis X.
Werft aus ungefähr zwei bis drei Meter Entfernung abwechselnd eine eurer fünf Nüsse.
Wer die meisten Punkte hat, ist Sieger.
Wer mag, kann die Punkte mit der römischen „Rechenmaschine" addieren.

ORCA-SPIEL
Jedes Kind spielt mit fünf Nüssen.
Abwechselnd versuchen die Spieler aus ungefähr zwei Meter Entfernung, ihre Nüsse in ein Gefäß (größere Vase, Krug o.Ä.) zu werfen. Sieger ist, wer die meisten Nüsse in die *Orca* geworfen hat. Der Sieger erhält die daneben gefallenen Nüsse.

NÜSSE-ROLLEN
Jeder Spieler bekommt zehn Nüsse.
Der Reihe nach lassen die Spieler eine Nuss über eine schiefe Ebene (Brett o.Ä.) hinabrollen.
Wer eine fremde Nuss trifft, darf beide nehmen.
Sieger ist,
- wer zu einem bestimmten Zeitpunkt die meisten Nüsse besitzt, oder
- wer als letzter noch Nüsse besitzt.

(nach: Landschaftsverband Rheinland (Hg.): So spielten die Alten Römer. Römische Spiele im Archäologischen Park Xanten, 3. Aufl.: Köln 1994)

RÖMISCHES TANGRAM

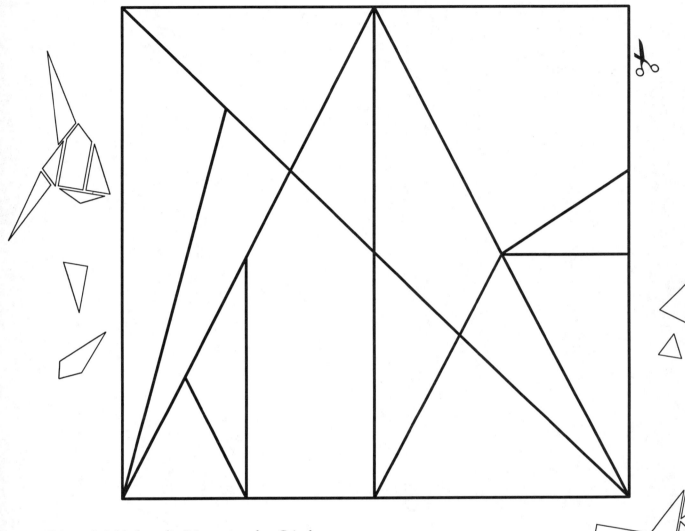

Dieses Spiel haben die Römer von den Griechen übernommen; es ist eine Art Puzzle oder Tangram. Die Römer nannten es *loculus archimedius* (archimedisches Kästchen).

Ein römischer Schriftsteller beschreibt es so:

„Die Teile dieses Spiels sind aus Knochen gefertigt. Es sind im ganzen vierzehn geometrische Figuren, sie werden in einem flachen Kästchen aufbewahrt. Durch verschiedenes Zusammensetzen können tausenderlei Figuren gebildet werden: ein Elefantenungetüm oder ein wilder Eber, eine fliegende Gans, ein bewaffneter Gladiator und viele andere dieser Art. Das kunstvolle Gebilde eines Könners ist ein Wunder, das Gebilde eines Unkundigen lächerlich."

(nach: Landschaftsverband Rheinland (Hg.): So spielten die Alten Römer. Römische Spiele im Archäologischen Park Xanten, 3. Aufl.: Köln 1994)

Kleb das Quadrat auf dünne Pappe oder Tonpapier und schneide dann alle Teile entlang der fetten schwarzen Linien aus. Mische die Teile.

Versuche das Quadrat wieder zu legen.

Lege eine Gans, ein Segelschiff, eine Frau oder ...

WIR BESUCHEN DIE RÖMER

An vielen Stellen in Deutschland, Österreich und der Schweiz haben die Archäologen Überreste aus römischer Zeit entdeckt. Sie können in Museen oder direkt an den Ausgrabungsstellen besichtigt werden. Eine Klassenfahrt zu diesen Orten lohnt sich bestimmt!

Damit der Besuch erfolgreich wird, solltet ihr ihn vorbereiten.

Entscheidet euch für ein bestimmtes Museum und beschafft euch vor der Fahrt Informationsmaterial. Ihr könnt dazu die Museen anrufen oder anschreiben. (Auf den Seiten 67/68 findet ihr die Adressen.) Aber auch die Verkehrsvereine oder Touristenbüros der Städte können euch weiterhelfen.

Klärt, ob ihr eine Führung haben oder ob ihr den Besuch selbstständig machen möchtet.

Viele Museen bieten Aktionen an: Spielen wie die Römer, römische Kleidung anfertigen u.Ä. Dazu müsst ihr euch sicher anmelden.

Hilfreich ist es, wenn ihr vor dem Besuch in kurzen Referaten einiges von dem, was ihr sehen wollt, vorstellt, Fragen sammelt und festlegt, worüber Berichte geschrieben werden sollen.

RÖMER ZEITUNG
28. AUGUST 79 N. CHR.

KATASTROPHE IN POMPEJI

NEUE TOGA-MODE IN ROM VORGESTELLT

GARUM-REZEPTE: SCHNELL UND EINFACH

Wenn ihr nach dem Besuch eine Ausstellung machen oder eine Römer-Zeitung schreiben wollt, denkt daran, Materialien dafür zu sammeln.

LITERATUR-KARTEI: „IM SCHATTEN DES VESUV"

RÜCKBLICKE

*Das war im vergangenen Jahr gewesen,
und inzwischen hatte Timon nicht nur Lateinisch gelernt,
sondern noch vieles andere.*
(S. 26, Z. 14ff.)

 An dieser Stelle des Buches endet ein kurzer Rückblick. Suche die Stelle, an der Timons Rückblick beginnt und notiere den ersten Satz:

Als _____

_____

_____

_____

Wo müssten diese Ereignisse eigentlich stehen?

Weshalb schiebt die Autorin Eilis Dillon diesen Rückblick hier ein? Schau dir für deine Antwort die Sätze an, die dem Rückblick vorausgehen.

Schreibe aus dem ersten Abschnitt des Buches auf Seite 5 die Sätze in dein Heft, in denen Vergangenes erzählt wird.

Vergleiche diese Stelle mit der auf Seite 25.
Wer erzählt jeweils aus der Vergangenheit?

Suche für beide Möglichkeiten, Vergangenes zu erzählen, weitere Beispiele. Lege eine Tabelle an, in der du den Beginn und das Ende jeder gefundenen Rückblende notierst.

LITERATUR-KARTEI: „IM SCHATTEN DES VESUV"

... WIE EIN FISCH IM WASSER

 Eilis Dillon hat in ihrem Buch viele **Vergleiche** benutzt.
Schreibe die angegebenen Stellen in dein Heft:
Seite 12, Zeile 8; S. 13, Z. 8/9; S. 29, Z. 8/9; S. 33, Z. 23;
S. 36, Z. 19; S. 37, Z. 4/5; S. 48, Z. 17/18; S. 51, Z. ?; S. 67, Z. ?; S. 76, Z. ?

 Versuche dann, jeden Vergleich durch einen eigenen, auch passenden Vergleich zu ersetzen.

 Welchen der folgenden Vergleiche findest du am passendsten?
Unterstreiche ihn und begründe deine Auswahl.

... ein Gladiator zu sein, sei aufregender,
    als Würfel zu spielen.
    als Gemüse zu bauen.
    als im Meer zu tauchen.
    als alles andere.

Die Art, wie er sein Boot handhabte, bewies, dass er sich ebenso sicher darin bewegte,
    wie auf dem Land.
    wie ein Fisch im Wasser.
    wie Vögel in der Luft.
    wie andere auf ihren zwei Beinen.

Während Timon ihm folgte, sah er Nass
    wie eine Katze
    schnell wie der Wind
    wie ein Schatten
    wie ein Dieb
über die Mauer gleiten.

Dann war sie in ihrem weißen Kleid
    wie eine Taube
    wie eine Maus
    wie ein Sonnenstrahl
    wie ein Blitz
durch das Atrium gehuscht.

VERGLEICHE IM ALLTAG

... so schnell sie konnten.

... wie ein Rudel Wölfe.

Sie waren hinter ihm her ...

... wie zwei Polizisten.

... – ganz schnell.

... wie die Katze hinter der Maus.

... wie hinter einem Lottosieg.

 Auch in unserer Umgangssprache benutzen wir Vergleiche, z.B.: *Sie lief wie ein geölter Blitz.* Sammelt weitere Beispiele!

 Wie gefällt dir der Satz am besten? Schreibe ihn auf:

_____

_____

_____

_____

_____

_____

_____

_____

 Vergleicht eure Lösungen.

 Schreibt eure Beispiele so in euer Heft, dass die Vergleiche ersetzt werden!
z.B.: *Sie lief wie ein geölter Blitz.*
→ *Sie lief sehr schnell.*

Durch Vergleiche wird die Sprache ...

 Welche Form gefällt euch besser? Sprecht über eure Gründe.

WIE SCHRIFTSTELLER SCHREIBEN

Wolken von Fliegen …
standen über den Obstständen.
(S. 33, Z. 25–27)

Scrofas Ton
war so beißend.
(S. 32, Z. 21)

Timon fühlte,
wie eine Welle von Freude
ihn überflutete.
(S. 19, Z. 33/34)

 Ergänze die folgende Erklärung mit diesen Wörtern: **bildlich, eigentlichen, Sprachbilder, übertragenen Sinne.**

Hier werden Wörter oder Wortgruppen nicht
in der _____ Bedeutung *(Welle/überfluten, beißen, Wolke)*,
sondern _____ , im _____ benutzt.
Solche _____ heißen **Metaphern.**

 Metaphern findest du u.a. an den folgenden Stellen des Buches:
S. 5, Z. 1; S. 5, Z. 29; S. 9, Z. 29; S. 32, Z. 24;
S. 32, Z. 26; S. 36, Z. 17; S. 39, Z. 6; S. 74, Z. 24.
Schreibe die angegebenen Metaphern in dein Heft
und mache dir bei jedem Sprachbild klar, was damit gemeint ist.

Suche auf den Seiten 82, 83, 102 und 107 nach weiteren Metaphern.

 Denkt über den Unterschied der Stilmittel Metapher und Vergleich nach.

Der Dichter Jean Paul (1763–1825) bezeichnete die ganze Sprache
als „Wörterbuch erblasseter Metaphern". Was könnte er damit gemeint haben?
(Bedenkt dabei, dass Wörter wie „Fahrstuhl" oder „Tischbein" durch ihren häufigen Gebrauch
kaum noch als Metaphern betrachtet werden.)

REDEN MIT ANDEREN, REDEN MIT SICH SELBST

Es gibt verschiedene Möglichkeiten, in einem Buch **Gedanken** wiederzugeben.

 Lest euch die beiden folgenden Stellen im Buch genau durch:
S. 57, Z. 26–33 und S. 58, Z. 5–8.

Welche Textstelle ist ein *Dialog*, welche ein *innerer Monolog* (Selbstgespräch)?

 Ordne durch ankreuzen richtig zu.

Seite, Zeile	Dialog	innerer Monolog
S. 34, Z. 31 – S. 35, Z. 9		
S. 48, Z. 26 – S. 49, Z. 21		
S. 53, Z. 15–23		

 Dialog und innerer Monolog sind *Stilmittel*, für die sich ein Autor oder eine Autorin entscheidet, um eine bestimmte Wirkung zu erzielen. Überlegt zusammen, welche unterschiedlichen Wirkungen die beiden Stilmittel erreichen. Welche Stellen wirken lebendiger, welche bringen uns der betreffenden Person näher?

Wie ist es auf Seite 13, Zeile 8–14? Welche Gedanken Timons erfahren wir hier?

Weshalb mag Eilis Dillon hier wohl so geschrieben haben?

 Wähle eine der Stellen
S. 13, Z. 8–14 oder S. 134, Z. 6
und schreibe auf, was Timon oder Scrofa durch den Kopf gehen mag.

DIE SAGE VON PERSEUS UND ANDROMEDA

Dem König Akrisios, der im Lande Argos lebte, sagte einst ein Orakel Unheil voraus: "Hüte dich vor deinem Enkel", lautete die Weissagung, "denn er wird dir Thron und Leben entreißen!" Da ließ der König seine noch unvermählte Tochter Danaë in einen Bronzeturm sperren und durch seine Wächter streng von aller Welt fern halten. Aber Gottvater Zeus, der in Liebe zu der schönen Jungfrau entbrannt war, wusste auch hier einen Weg. Er nahm die Gestalt eines goldenen Regens an, drang in ihr Gemach ein und gewann ihre Liebe. Der Vater Akrisios wütete in Angst und Zorn, als wider seinen Willen ein Enkel geboren wurde. Um den Orakelspruch unwirksam zu machen, ließ er die Tochter mit ihrem Sohne, dem sie den Namen Perseus gegeben hatte, in einen Kasten einschließen und ins Meer werfen.

Zeus aber beschützte Danaë und Perseus vor den Gefahren des Meeres und ließ sie bei der Insel Siriphos landen, die von dem König Polydektes beherrscht wurde. Nicht lange dauerte es, so entflammte Polydektes in Liebe zu der schönen Frau und wollte sie zu seiner Gemahlin machen. Der zum Jüngling herangewachsene Perseus, der sich als ernst zu nehmender Beschützer seiner Mutter erwies, war Polydektes dabei im Weg. Um den lästigen Sohn loszuwerden, stellte der König ihm eine scheinbar unlösbare Aufgabe: Perseus sollte Medusa im Kampfe besiegen und dem König ihr Haupt bringen. Medusa aber war eine furchterregende, geflügelte Jungfrau, die mit ihren zwei Schwestern am Ende der Welt hauste.

Unter Führung der Göttin Athene, die Medusa hasste, gelangte Perseus zunächst zu den Graien. Mit einer List zwang er die drei alten Weiber, ihm den Weg zu den Nymphen zu zeigen. Von diesen wundersamen Geschöpfen gewann er, was er benötigte: Flügelschuhe, einen Reisesack und einen Helm aus Hundefell, der die Macht einer Tarnkappe besaß. Hermes, der Götterbote, reichte ihm als Waffe ein Sichelschwert. So ausgerüstet, flog der Zeussohn in das Land, wo Medusa und ihre Schwestern, die schrecklichen Gorgonen, hausten. Nur Medusa war sterblich.

Perseus befreit Andromeda
(Malerei aus Pompeji)

Die Ungeheuer lagen im Schlafe, als Perseus eintraf. Ihre Häupter waren mit Drachenschuppen übersät und mit Schlangen statt Haaren bedeckt; sie besaßen mächtige Hauer wie Wildschweine, eiserne Hände und goldene Flügel. Wer sie ansah, wurde durch ihren Blick in Stein verwandelt. Perseus wusste das. Mit abgewandtem Gesicht stellte er sich deshalb vor die Schlafenden und fing mit seinem glänzenden Schilde ihr Bild auf. So fand er Medusa heraus. Athene führte ihm die Hand, als er entschlossen der schlafenden Medusa das furchtbare Haupt vom Rumpfe trennte.

Das Haupt der Medusa in seiner Reisetasche, machte Perseus sich davon. Zwar verfolgten ihn die beiden Gorgonen, aber der Helm der Nymphen entzog den davonfliegenden Helden ihren Blicken.

Als Perseus an die Küste Äthiopiens kam, sah er an einer Klippe das herrliche Bild einer Jungfrau. War es aus Marmor? Doch nein, ein Lüftchen bewegte ihr Haar, und in ihren Augen zitterten Tränen: Sie lebte! Fast hätte Perseus vergessen seine Schwingen zu bewegen, so bezaubert war er von der unvergleichlichen Schönheit. Er sprach sie an, fragte nach ihrem Namen und ihrem Schicksal. Endlich, damit Perseus nicht glaubte, sie habe eigene Schuld vor ihm zu verbergen, berichtete sie ihr Geschick.

"Ich heiße Andromeda", sagte sie, "und bin die Tochter des Äthiopierkönigs Kepheus. Meine Mutter Kassiopeia hat den Meeresnymphen gegenüber geprahlt, ich sei schöner als sie alle. Darüber wurden die Nymphen zornig, und ihr Freund, der Meeresgott Poseidon, strafte das Land mit Überschwemmung und einem alles verschlingenden Meeresungeheuer. Zur Sühne, so verlangt er, soll ich, die Tochter der Kassiopeia, dem Ungeheuer zum Fraße vorgeworfen werden. In seiner Verzweiflung ließ mein Vater mich an diesen Felsen binden."

Kaum hatte die Unglückliche diese Worte gesprochen, da rauschten die Wogen auf und aus der Tiefe tauchte das Untier empor. Andromeda jammerte laut auf. Schnell flog Perseus zu König Kepheus.

DIE SAGE VON PERSEUS UND ANDROMEDA

Der versprach dem Jüngling seine Tochter zur Frau und dazu sein ganzes Königreich, wenn er das Ungeheuer besiegen würde.

Perseus schwang sich hoch in die Lüfte und eben als der wütende Riesenfisch Andromeda verschlingen wollte, stürzte der junge Held wie ein Adler hinab, traf das Tier in den Rücken und stieß sein Schwert bis zum Knauf hinein. Verzweifelt wehrte sich das Ungeheuer. Perseus aber ließ nicht ab, bis es tot in den Fluten versank. – Dank und Liebe strahlten aus Andromedas Blicken, als der Held sie von ihren Fesseln befreite. Die Eltern waren überglücklich und schon bald konnte die Hochzeit stattfinden.

Schrecklich aber sollte die Hochzeitsfeier enden. Noch dampfte das prächtige Mahl, als plötzlich Kepheus' Bruder Phineus mit seinen Kriegern in die Vorhalle stürmte. Er hatte einst um Andromeda geworben. Als sie aber dem Ungeheuer preisgegeben wurde, hatte er sich nicht getraut um sie zu kämpfen. „Meine Braut ist mir entrissen worden!", schrie er, „Ich bin gekommen um Rache zu nehmen!"

Ein furchtbarer Kampf entspann sich. Krieger und Gäste stürzten sich ins Kampfgewühl. Die Eingedrungenen aber waren in der Übermacht. Als Perseus sah, dass er mit den Seinen der Übermacht erliegen müsse, griff er zum letzten Mittel: „Wer noch mein Freund ist", rief er durch das Kampfgetümmel, „der wende sich ab!" Nach diesen Worten zog Perseus aus seiner Reisetasche das schreckliche Medusenhaupt und wer es erblickte, erstarrte zu Stein. Auch Phineus, der den ungerechten Krieg entfesselt hatte, entging seinem Schicksal nicht.

Perseus und Andromeda war nun ein langes glückliches Leben beschert. Auch seine Mutter Danaë fand Perseus wieder. Sein Großvater Akrisios aber sollte seinem weisgesagten Schicksal nicht entgehen. Vor der Erfüllung des Orakels war der König ins Pelasgerland geflohen. Perseus, der auf der Fahrt nach Argos war, nahm dort an den Kampfspielen teil, denen sein Großvater zuschaute. Ohne von der Gegenwart des Großvaters etwas zu ahnen, traf Perseus ihn ganz ohne Absicht mit seinem Diskus. So fand Akrisios durch seinen Enkel den Tod und das Orakel erfüllte sich.

Nach ihrem Tod wurden Perseus und Andromeda von Athene als Sternbilder an den Himmel versetzt.

 In dieser Sage findet ihr Begebenheiten oder Einzelheiten (Motive), die ihr vielleicht auch aus anderen Geschichten kennt. Welche?

Wie macht Kassiopeia sich schuldig?

Auch andere Personen werden von den Göttern bestraft. Weshalb?

Mit welcher Absicht mögen die Menschen im Altertum wohl diese Sage erzählt haben?

 Lest die Sagen von Prometheus, Tantalus, Arachne, Niobe oder Dädalus und Ikarus. Ihr werdet viele Gemeinsamkeiten mit der Sage von Perseus feststellen.

 Weshalb ist Andromeda so starr, dass sie aus Marmor zu sein scheint? Suche Redewendungen, die Ähnliches aussagen!

 Unterstreiche im Text der Sage die Sätze, die zu Timons Bild gehören. Vergleiche diese Sätze mit den Beschreibungen von Timons Bild auf den Seiten 47, 72/73 und 84 des Buches.

Wie stellt Timon und wie stellt die Sage auf diesem Blatt die Tötung des Ungeheuers dar? Wie könnte eine solche „Verschiebung von Motiven" entstehen?

 Wie stellst du dir Timons Bild vor? Male es!

TIMON UND CORNELIA

Bevor er anfing, musste Timon Cornelia von seinem Besuch in der Villa und der Zusammenkunft mit Nass erzählen, und wie sie übereingekommen waren, sich gegenseitig zu helfen. Er sagte ihr nicht, dass Nass ein Pirat war.
(S. 98, Z. 19–24)

 Weshalb verschweigt Timon Cornelia, dass Nass ein Pirat ist?

Es hängt sehr viel davon ab, dass Timon in diesem Gespräch die richtigen Worte findet.
Eilis Dillon erzählt uns das Gespräch jedoch nicht.
Überlege dir mögliche Gründe und schreibe sie auf.

_____

_____

_____

_____

_____

Schreibe das Gespräch zwischen Timon und Cornelia in dein Heft.

RÖMISCHE MÄDCHEN, RÖMISCHE FRAUEN

Als Kind war die Tochter der Machtbefugnis des Vaters, des *pater familias*, unterworfen. Er hatte die Macht über Leben und Tod seiner Töchter und Söhne. Mit dem Tode des *pater familias* ging die Vormundschaft auf den nächsten männlichen Verwandten über; nach der Heirat auf den Ehemann.

Mädchen hatten keinen Vornamen, sondern nur den Namen der Familie. Frauen waren von allen staatlichen und öffentlichen Ämtern ausgeschlossen.

Es gab aber Frauen mit riesigem Vermögen, die sogar ihren Männern mit Geld aushalfen. Frauen zeigten sich in der Öffentlichkeit und gingen ins Theater und zu Zirkusspielen. Hoch geachtet waren Ehefrauen und Mütter. Eine Grabinschrift rühmte: „Sie hütete das Haus und spann die Wolle."

 Hättest du ein römisches Mädchen sein mögen? Sprecht über die Stellung der römischen Mädchen und Frauen, wie sie hier dargestellt wird.

 Bereitet Gespräche zwischen einem römischen und einem heutigen Mädchen über ihre Rechte und Pflichten vor. Spielt sie der Klasse vor!

 Wie wird im Buch die Lage der Mädchen und Frauen dargestellt? Lies dazu die Stellen S. 41, Z. 1–27; S. 42, Z. 32 – S. 43, Z. 15; S. 80, Z. 10–14; S. 125, Z. 20 – S. 126, Z. 2 und S. 144, Z. 18–20.

 Schreibe einen kleinen Briefwechsel zwischen dir und einem römischen Mädchen.

 Vergleicht die Darstellung auf dieser Seite mit der im Buch.

DIE RATTEN FLIEHEN ...

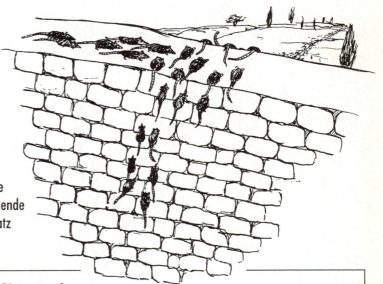

Wurden Scrofas Befürchtungen anfangs noch von Timon belächelt, so häufen sich besonders in der zweiten Hälfte der Erzählung die Hinweise auf die bevorstehende Katastrophe.

 Lest euch die in der Tabelle angegebenen Textstellen noch einmal durch und tragt die Vorausdeutungen stichwortartig in die folgende Tabelle ein. Schreibt ins Heft, wenn der Platz nicht reicht.

Textstelle	Hinweise auf die Katastrophe
S. 8, Z. 31 – S. 9, Z. 4	auch im Winter nie Schnee auf dem Vesuv
S. 74, Z. 9–16	
S. 76, Z. 23 – S. 77, Z. 2	
S. 89, Z. 29 – S. 91, Z. 17	
S. 99, Z. 25 – S. 100, Z. 8	
S. 104, Z. 14 – S. 105, Z. 9	
S. 106, Z. 14–24	
S. 115, Z. 25 – S. 116, Z. 1	
S. 116, Z. 24–26	

 Wie entwickeln sich die drohenden Hinweise? Versucht die Entwicklung durch eine Kurve darzustellen.

 Tiere spielen bei diesen Vorausdeutungen eine wichtige Rolle. Schreibe einen Bericht mit dem Titel „Meine letzten Tage in Pompeji" aus der Sicht der Ratte Romulus, die dem Vulkanausbruch mit ihrer Familie entfliehen kann. Welche Ereignisse veranlassen die Ratte zur Flucht? Was denkt sie über die Reaktion der Bürger und Bürgerinnen von Pompeji?

... DIE MENSCHEN BLEIBEN

„Was sind das nur für Menschen, diese Pompejianer?",
fragen sich Scrofa und Timon.
Die immer deutlicheren Hinweise auf die drohende Katastrophe
scheinen sie gar nicht wahrzunehmen.

Lest euch die drei folgenden Textstellen durch und sammelt dann gemeinsam Adjektive und Umschreibungen, die zu den Pompejianern und ihrem Leben „im Schatten des Vesuv" passen:
S. 11, Z. 13–30;   S. 106, Z. 20 – S. 107, Z. 10;
S. 116, Z. 6–15;   S. 116, Z. 27 – S. 117, Z. 2

Am Ende von Kapitel VII (S. 113, Z. 24 –
S. 114, Z. 14) versucht Scrofa das Verhalten
der Pompejianer zu erklären.
Welche Argumente führt er auf?
Findet ihr seine Erklärung einleuchtend?
Sprecht darüber in der Klasse!

Kennt ihr ähnliche Situationen aus den Medien oder aus eurer unmittelbaren Umgebung, in denen sich abzeichnende Gefahren totgeschwiegen oder „verdrängt" wurden, bis es zu spät war? Würdet ihr ein solches Verhalten als „typisch menschlich" bezeichnen?

DIE RETTUNGSFAHRT

„Da kommt ein Vierruderer auf uns zu."
Als sie den Kopf wandten, konnten sie es alle sehen …
„Es ist der Admiral Plinius.
Er ist bei der Kriegsflotte in Misenum."
(S. 155, Z. 33 – S. 156, Z. 15)

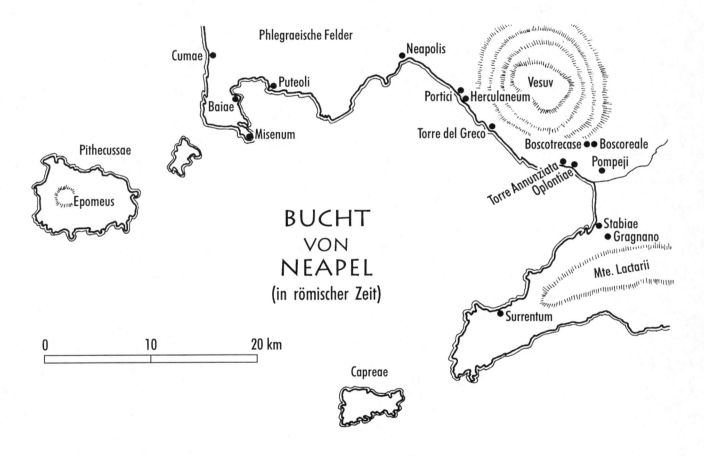

 Die Flüchtlinge können von der See aus den Ausbruch des Vesuv beobachten und spüren. Lest dazu die Seiten 152, Z. 15 bis 155, Z. 30.

 Wie mag die Rettungsfahrt des Admiral Plinius weitergehen? Schreibt einen Bericht aus Sicht des Admirals.

 Notiert die wichtigen Angaben über den Vulkanausbruch.

DER TOD DES ADMIRALS I

Den Flüchtlingen begegnet auf See der Admiral G. Plinius mit seinem Vierruderer. Diese Figur hat Eilis Dillon nicht erfunden; sie hat tatsächlich gelebt. Über das Schicksal des Admirals erzählt sein Neffe einem Freund. Auch dieser Brief wurde wirklich geschrieben:

Du bittest mich, das Ende meines Onkels zu schildern, damit du es der Nachwelt möglichst wahr darstellen kannst.

Er befand sich in Misenum und führte persönlich das Kommando über die Flotte. Am 24. August gegen 13 Uhr ließ meine Mutter ihm sagen, am Himmel stehe eine Wolke von ungewöhnlicher Gestalt und Größe. Er hatte sich gesonnt, dann kalt gebadet, hatte im Liegen einen Imbiss genommen und studierte jetzt. Er ließ sich seine Sandalen bringen und stieg auf eine Anhöhe, von der aus man das Naturschauspiel besonders gut sehen konnte. Eine Wolke stieg auf – für den Beobachter aus der Ferne nicht zu erkennen aus welchem Berge. Später erfuhr man, dass es der Vesuv gewesen sei. Die Gestalt der Wolke ähnelte am ehesten einer Pinie. Denn sie stieg wie ein Riesenstamm in die Höhe und verzweigte sich dann in mehrere Äste. Sie zerfloss wohl deshalb in die Breite, weil ein kräftiger Luftzug sie zuerst emporwirbelte; und dann, als dieser nachließ, verlor sie den Auftrieb und wurde wegen ihres Eigengewichts herabgedrückt. Manchmal erschien sie weiß, dann wieder schmutzig und fleckig, je nachdem, ob sie Erde oder Asche mit sich emporgerissen hatte.

Einem so bedeutenden Naturforscher wie meinem Onkel erschien das Ereignis wichtig und wert, aus der Nähe beobachtet zu werden. Er befahl ein Boot bereitzumachen; mir stellte er es frei mitzukommen. Ich antwortete, ich wolle lieber bei meiner Arbeit bleiben.

Beim Verlassen des Hauses erhielt er eine Nachricht von Rectina, der Frau des Cascus, die sich wegen der drohenden Gefahr ängstigte, denn ihr Besitz lag am Fuße des Vesuv und nur zu Schiffe konnte man fliehen. Sie bat ihn, sie aus der bedenklichen Lage zu befreien. Da änderte er seinen Plan und vollzog hochgemut, was er aus Wissbegier begonnen hatte. Er ließ Vierruderer zu Wasser bringen, ging selbst an Bord, um nicht nur Rectina, sondern auch vielen anderen zu Hilfe zu kommen, denn die liebliche Küste war dicht besiedelt. Er eilte dorthin, von wo andere flohen, und hielt geradewegs auf die Gefahr zu, so ganz frei von Furcht, dass er alle Phasen, alle Bilder des Unheils, wie er sie sah, seinem Sekretär diktierte.

Schon fiel Asche auf die Schiffe, immer heißer und dichter, je näher sie herankamen, bald auch Bimsstein[1] und schwarze, halbverkohlte, vom Feuer geborstene Steine. Schon trat das Meer plötzlich zurück und das Ufer wurde durch Felsbrocken vom Berge her unzugänglich. Einen Augenblick war er unschlüssig, ob er nicht umkehren solle, dann rief er dem Steuermann, der dazu riet, zu: „Dem Mutigen hilft das Glück! Halt auf Pomponianus zu!" Dieser befand sich in Stabiae, am anderen Ende der Meeresbucht.

1) glasig erstarrtes vulkanisches Gestein

DER TOD DES ADMIRALS II

Obwohl hier noch keine unmittelbare Gefahr bestand, drohte sie aber doch sichtbar. Pomponianus hatte sein Gepäck auf Schiffe verladen lassen, entschlossen zu fliehen, wenn der Gegenwind sich legte. Dorthin fuhr jetzt mein Onkel mit dem für ihn günstigen Winde, schloss den Verängstigten in die Arme, tröstete ihn, redete ihm gut zu und ließ sich ins Bad tragen, um die Angst des Freundes durch seine eigene Ruhe zu vertreiben. Nach dem Bade legte er sich zu Tische und speiste seelenruhig oder – was nicht weniger großartig ist – scheinbar ruhig.

Inzwischen leuchteten vom Vesuv her an mehreren Stellen weite Flammenherde und hohe Feuersäulen auf, deren strahlender Glanz durch die dunkle Nacht noch verstärkt wurde. Um das Grauen der anderen zu beschwichtigen, erklärte mein Onkel, Bauern hätten in der Aufregung die Herdfeuer brennen lassen, und nun ständen ihre verlassenen Hütten in Flammen. Dann begab er sich zur Ruhe und schlief tatsächlich ganz fest, denn seine wegen seiner Leibesfülle ziemlich tiefen, lauten Atemzüge waren zu hören, wenn jemand an seiner Türe vorüberging. Der Boden des Vorplatzes, von dem aus man die Zimmer betrat, hatte sich von einem Gemisch aus Asche und Bimsstein schon so weit gehoben, dass man, blieb man noch länger im Gemach, nicht mehr hätte herauskommen können. So weckte man ihn. Er trat heraus und ging wieder zu Pomponianus und den übrigen, die die Nacht durchwacht hatten. Gemeinsam berieten sie, ob sie im Hause bleiben oder sich ins Freie begeben sollten. Denn wegen der häufigen, starken Erdstöße wankten die Gebäude und man hatte den Eindruck, als schwankten sie aus ihren Fundamenten gelöst hin und her. Im Freien wiederum war das Herabfallen allerdings nur leichter, ausgebrannter Bimsteinstückchen gefährlich. Beim Vergleich der Gefahren entschied man sich für die letztere Möglichkeit. Sie legten sich Kissen über den Kopf und verschnürten sie mit Tüchern. Das bot Schutz gegen den Steinregen.

Schon war es anderswo Tag, dort aber Nacht, schwärzer und dichter als alle Nächte sonst. Doch milderten die vielen Fackeln und mancherlei Licht die Finsternis. Man beschloss, an den Strand zu gehen und sich aus der Nähe zu überzeugen, ob das Meer schon erlaube etwas zu unternehmen; aber es blieb immer noch rauh und feindlich. Dort legte sich mein Onkel auf eine hingebreitete Decke, verlangte wiederholt einen Schluck kalten Wassers und trank ihn. Dann jagten Flammen und als Vorbote des Feuers Schwefelgeruch die anderen in die Flucht und schreckten ihn auf. Auf zwei Sklaven gestützt, erhob er sich und brach gleich tot zusammen; ich vermute, weil ihm der dichtere Qualm den Atem nahm und die Kehle zuschnürte, die bei ihm sowieso eng und häufig entzündet war. Sobald es wieder hell wurde – es war der dritte Tag nach seinem Tode – fand man seinen Körper unversehrt und unverletzt, in den Kleidern, die er zuletzt getragen hatte. Er glich eher einem Schlafenden als einem Toten.

Nur eins will ich noch hinzufügen: Ich habe alles erzählt, was ich selbst erlebt und was ich gleich nach der Katastrophe gehört habe, dann kommen ja die Berichte der Wahrheit am nächsten. Du wirst dir das Wesentliche auswählen; denn es ist nicht dasselbe, ob man einen Brief an einen Freund oder Geschichte für die Allgemeinheit schreibt.

Leb' wohl!

„... denn es ist nicht dasselbe, ob man einen Brief an einen Freund oder Geschichte für die Allgemeinheit schreibt."
Unterstreiche im Brief die Stellen, die nur für einen Freund bestimmt sind.

Sprecht über eure Lösungen.

Schreibe einen Bericht vom Tode des Admirals G. Plinius, wie er in einem Geschichtsbuch stehen könnte.

WIESO BRECHEN VULKANE AUS?

Die meisten Menschen stellen sich unter einem Vulkan einen Berg vor, aus dessen Spitze Dampf und manchmal glühende Lava austreten.
Diese Darstellung ist jedoch zu einfach:
Lava kann z.B. auch aus mehreren Öffnungen ausgestoßen werden, die nicht unbedingt an der Spitze liegen müssen. Ein Vulkan muss auch nicht unbedingt ein Berg sein. Er verändert mit jedem Ausbruch sein Aussehen.

Einfach gesagt, ist der Vulkanschlot eine Röhre, die durch die feste Erdkruste zu einem Magmaherd tief ins Erdinnere führt. Das Innere der Erde ist nicht einheitlich aufgebaut. Es gibt einen Erdkern, um den die Schichten des Erdmantels und schließlich – als äußerste Schale – die Erdkruste angeordnet sind. Die Erdkruste bildet zusammen mit dem oberen Teil des Erdmantels die feste Gesteinshülle der Erde. Unter dieser festen Hülle liegt eine sehr heiße Schicht, in der das Gestein nur durch großen Druck davon abgehalten wird, in einen flüssigen Zustand überzugehen.

Da aber die Gesteinshülle die heiße Schicht nicht gleichmäßig bedeckt, sondern mit voneinander getrennten Schollen auf ihr „schwimmt", kann es zu Bewegungen kommen. Unter den Bruchzonen der Schollen lässt im Erdinneren der Druck nach und das Gestein wird zu flüssigem Magma, das nach oben gepresst wird. An der Erdoberfläche kommt es so zu Vulkanausbrüchen. Nach dem Austritt aus dem Vulkan heißt das Magma Lava. Die Lava legt sich um die Öffnung des Schlotes, den Krater, und baut mit jedem Ausbruch den Vulkan weiter auf. Außer der Lava stößt der Krater Asche, Schlacke und Lapilli (kleine Stücke erkalteter Lava) aus.

 Bereitet kleine Referate zum Thema „Vulkane" vor. Bücher dazu findet ihr in der Schul-, Gemeinde- oder Stadtbücherei. Bestimmt kann euch auch eure Erdkundelehrerin oder euer Erdkundelehrer weiterhelfen.
Mögliche Themen sind:
- Wie Erdbeben und Vulkane zusammenhängen
- Die verschiedenen Ausbruchsarten von Vulkanen
- Verschiedene Vulkanarten
- Wie Vulkane sterben
- Vulkane in Deutschland
- Berühmte Vulkane der Welt

Der Vesuv vor dem Ausbruch des Jahres 1944

DER AUFBAU VON VULKANEN

 Füge die folgenden Begriffe in die Legende ein:

Erdkruste Hauptschlot Erdmantel (oberer Teil)

kleinere Kammer mit sich ausdehnendem Magma Gas- und Aschewolke

Nebenschlot Hauptmagmaherd Vulkankegel

Lava

Das Blatt „Wieso brechen Vulkane aus?" kann dir dabei helfen.

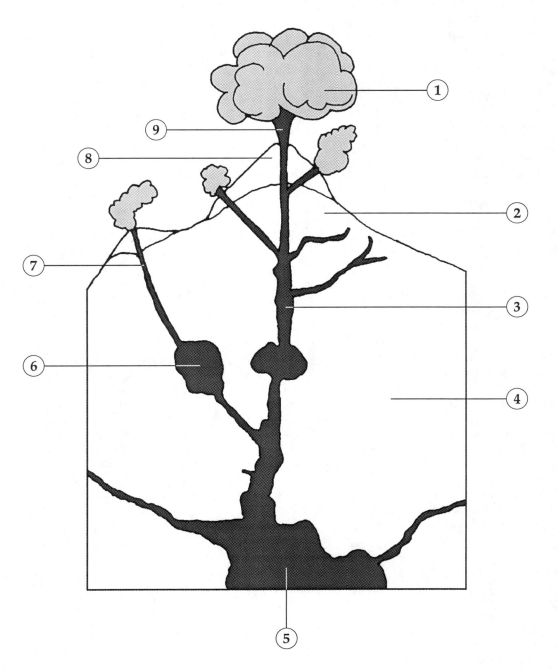

EIN VULKAN AUS DEM BACKOFEN

 Mit diesem Backrezept für Törtchenvulkane kannst du einen Vulkanausbruch nachempfinden: Rolle etwas Mürbeteig aus und steche Scheiben für die Törtchenböden und -deckel aus. Lege die Böden in eine Törtchenbackform und gib auf jeden Boden einen Löffel Marmelade. Lege die Deckel darüber und drücke die Ränder fest an. Steche in jeden Deckel ein kleines Loch. Backe die Törtchen nach Anweisung. Was ist passiert, wenn du die Törtchen aus dem Backofen nimmst?

Rezept für Mürbeteig

Folgende Zutaten vermischen und gut durchkneten:
180g Mehl
1 Ei
90g Zucker
1 Päckchen Vanillezucker
60g Butter

2 Std. im Kühlschrank ruhen lassen.

Ca. 10 Minuten bei 180°C backen.

 Wie ist es dazu gekommen?
Ergänze die Erklärung mit den folgenden Wörtern:

dünne Stelle in der Erdkruste   Marmelade

Erdkruste   Magma

Lava

Der Deckel des Törtchens entspricht der .... über dem Vulkan.

Das kleine Loch im Deckel ist wie eine ....

Die Marmelade entspricht dem ...., bzw. – nachdem sie ausgetreten ist –

der .... Wenn sich die Törtchen erhitzen, drängt die Luft im Inneren

der Törtchen die .... heraus, die „Törtchenvulkane" brechen aus.

(nach: John Farndon: Rund um die Erde, München: Christian Verlag 1993, S. 56)

EIN VULKANAUSBRUCH IM SANDKASTEN

 Ein Vulkanmodell könnt ihr auch im Sandkasten nachbauen:
Dafür legt ihr zunächst einen Sandhügel an, der die Form eines Vulkans hat.
(Wenn ihr in einem realistischen Größenverhältnis bauen wollt:
Der Vesuv ist 1281 m hoch und hat am Fuß einen Durchmesser von ungefähr 10 km;
der Ätna ist 3370 m hoch bei einem Durchmesser von ca. 35 km.)
Nach der Beschreibung auf dem Blatt „Leben am Vulkan" könnt ihr Terrassen anlegen
und sie mit verschiedenen Streumaterialien, Bäumchen und Dingen,
die sonst für Modelleisenbahnen benutzt werden, gestalten.
Setzt dann ein Schnapsgläschen in die Spitze des Vulkans und füllt es zur Hälfte mit Essig,
das ihr vorher mit roter Tinte oder Lebensmittelfarbe gefärbt habt.
Wenn ihr mit einem Löffel etwas Natron zu dem Essig gebt, wird der Vulkan ausbrechen.

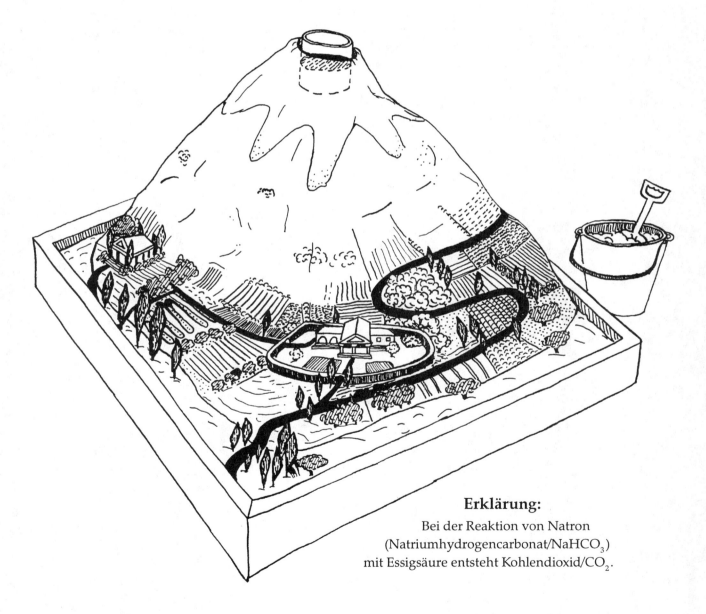

Erklärung:
Bei der Reaktion von Natron (Natriumhydrogencarbonat/$NaHCO_3$) mit Essigsäure entsteht Kohlendioxid/CO_2.

LEBEN AM VULKAN

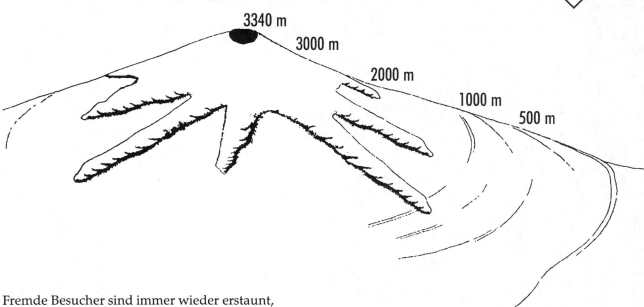

Fremde Besucher sind immer wieder erstaunt, dass in der Nähe von Vulkanen oft so viele Menschen leben. Aber Lava und Asche verwittern zu sehr fruchtbarem Boden; gibt es dann noch genügend Regen, können die Bauern hohe Erträge erzielen.

Wer vom Fuße des Ätna, eines Vulkans auf Sizilien, bis zu seinem Kraterrand aufsteigt, beginnt seine Wanderung bei subtropischen Temperaturen und kommt auf dem Gipfel in subarktische Kälte.
Der Ätna lässt sich in verschiedene Höhenstufen einteilen.
Am Fuß des Vulkans liegt die wichtige landwirtschaftliche Zone, in der es auch im Winter keinen Frost gibt; diese Zone reicht **bis in eine Höhe von 500 Meter**. Hier werden Wein, Zitronen, Apfelsinen und Mandarinen angebaut.
Zwischen 500 und 700 Meter Höhe liegt das Weinanbaugebiet; aber auch Feigen, Mandeln, Oliven und Aprikosen wachsen hier. Darüber, **um 1000 Meter Höhe**, wird vor allem Getreide angebaut.
Zwischen 1100 und 1600 Meter ernten die Bauern Kirschen, Birnen, Äpfel und Haselnüsse.
Danach gelangt man in die **Waldzone** mit Buchen, Pinien, Eichen, Birken, Ginster und Lärchen.
Am **Nordhang** gibt es unterhalb der Waldzone große Kastanienwälder **bis etwa 800 Meter hinab**.
Nach 2000 Meter wechseln sich Weiden, Heidegebiete und Flächen ohne Pflanzenwuchs ab.

Durch jeden neuen Vulkanausbruch werden Lava und Asche abgelagert, die für neue Fruchtbarkeit sorgen. Deshalb leben am Fuße des Ätna etwa 500 Menschen pro Quadratkilometer, auf der übrigen Insel Sizilien liegt die Bevölkerungsdichte unter 100 Menschen pro Quadratkilometer.

Aus Lavasteinen werden in vielen Gebieten Italiens Häuser und Mauern gebaut, Glaswolle und Glasfasern hergestellt; mit Lavasteinen werden Straßen gepflastert. Bimsstein wird mit Zement und Wasser zu Bimsbausteinen verarbeitet. Diese leichten Steine enthalten viele Luftblasen und wirken deshalb wärmedämmend.

*(nach: Roy Woodcock: Vulkane,
Nürnberg: Tessloff Verlag 1986, S. 32–34)*

 Schlage in einem Lexikon dir unbekannte Begriffe nach und notiere ihre Bedeutungen.

 Trage in die Skizze des Ätna die Anbauzonen ein. Für die einzelnen landwirtschaftlichen Erzeugnisse kannst du dir Symbole ausdenken.

 Begründet, weshalb am Fuße des Ätna so viele Menschen leben. Findet ihr die Entscheidung dieser Menschen verständlich? Denkt bei eurer Antwort auch an die Armut auf Sizilien und in Süditalien.

LITERATUR-KARTEI: „IM SCHATTEN DES VESUV"

NATURKATASTROPHEN IN UNSERER ZEIT

Island wartet auf die große Flut

Reykjavik. (dpa) Die heftigen Vulkan-Aktivitäten auf Island haben auch gestern mit zehn Kilometer hohen Asche- und Rauchsäulen sowie leichten Erdbeben angehalten, aber noch nicht zu der befürchteten Flutkatastrophe geführt. Geophysiker Pall Einarsson von der Universität Reykjavik sagte. „Es kann noch ein paar Tage dauern. Aber je eher die Fluten kommen, umso besser." Nach bisherigen Schätzungen sind bisher durch die Vulkanaktivitäten unter dem Vatnajökull, Europas größtem Gletscher, zwei Kubikkilometer Eis geschmolzen und werden in Kürze Teile des südöstlichen Island überschwemmen. Die Arbeiten an Dämmen und Ablaufgräben zur Sicherung von Brücken und Straßen werden fortgesetzt.

(Neue Westfälische vom 8.10.1996)

Ätna-Region in Angst

Catania. (dpa) Der Ätna hat seinen Ruf bestätigt, ein unberechenbarer Vulkan zu sein. Nach einem seit elf Tagen ruhig verlaufenen Ausstoß von Lava hat eine explosionsartige Eruption am Mittwochabend in weiten Teilen der süditalienischen Insel Ängste ausgelöst. Aschenregen gingen im Umkreis von 70 Kilometern nieder. In Catania brach der Verkehr zusammen. Der Flughafen war bis zum Donnerstag geschlossen. In Gemeinden in der Nähe des Vulkans war die schwarze, breiige Aschenschicht etwa 20 Zentimeter dick. Experten meinten, ein Lava-Pfropfen eines Nebenkraters auf 2800 Meter Höhe sei explodiert.

(dpa-Meldung vom 26.9.1986)

Nicht nur auf Island und Sizilien kommt es immer wieder zu solchen Naturkatastrophen. In welchen anderen Gebieten der Erde gibt es häufig Erdbeben oder Vulkanausbrüche? Informiert euch in Erdkunde-, Biologiebüchern und Lexika auch über die Ursachen.
Berichtet in kleinen Referaten der Klasse.

Gibt es in eurer näheren oder weiteren Umgebung ähnliche Naturkatastrophen oder wären sie dort möglich?
(Im Erdkunde- und Biologieunterricht könnt ihr dazu ausführlicher weiterarbeiten.)

Manche „Natur"katastrophen sind gar nicht natürlich, sondern von Menschen verursacht oder begünstigt.
Welche Beispiele kennt ihr?
Informiert euch über ihre Hintergründe.

Befragt Menschen, die solche Katastrophen erlebt haben. Bereitet in Gruppen die Fragen vor und berichtet der Klasse über eure Interviews!

Gibt es für euch Möglichkeiten, von Katastrophen betroffenen Menschen zu helfen? Tragt alle Informationen über eine zur Zeit betroffene Region zusammen und sammelt Vorschläge, wie ihr eingreifen könntet.

Welche Organisationen sind bei solchen Katastrophen im Einsatz? Befragt Fachleute, wie sie vor Ort helfen und wie die Hilfe aus dem Ausland koordiniert wird.

LITERATUR-KARTEI: „IM SCHATTEN DES VESUV"

© Verlag an der Ruhr, Postfach 10 22 51, 45422 Mülheim an der Ruhr

TIMONS HEIMKEHR

*... eines frühen Morgens ließen sie die „Diana"
unterhalb des Vaterhauses auf den Strand laufen.
Im warmen Licht der Frühe stand er da, atmete die Luft der Heimat
und roch den Duft von Gras und Erde, die noch taufeucht waren.
Dann hörte er das freudige Bellen von Argus,
und einen Augenblick später sah er seinen Vater
über den Kamm des Hügels kommen.*

(S. 159, Z. 19–25)

 Wie mag Timons Wiedersehen mit seiner Familie verlaufen sein? Bereitet kleine Szenen in Gruppen vor und spielt sie! (Hilfe bietet euch auch S. 34, Z. 26 – S. 35, Z. 4)

 Erzähle von Timons Heimkehr. Wie reagiert Timons Familie wohl auf Scrofa?

LITERATUR-KARTEI: „IM SCHATTEN DES VESUV"

MEIN TITELBILD

 Gestalte ein neues Titelbild für das Buch „Im Schatten des Vesuv".
Vergiss dabei auch den Titel des Buches und den Namen der Autorin nicht!

MIT BESTEN EMPFEHLUNGEN ...

Verlockt durch gut bezahlte Aufträge kommen der römische Maler Scrofa und sein griechischer Sklave Timon nach Pompeji, nicht ahnend, dass die blühende Stadt wenige Tage später vernichtet sein wird. Für Timon selbst bedeutet Pompeji einen schicksalhaften Wendepunkt. Endlich bietet sich die Gelegenheit zur Flucht aus der Sklaverei. Er lernt das junge Paar Trebius und Cornelia kennen und trifft auch einen Piraten, der seinen gefangenen Bruder befreien will. Für sie alle besteht die Notwendigkeit, die Stadt rasch und heimlich zu verlassen. Auf gegenseitige Hilfe angewiesen, beschließen sie gemeinsam zu fliehen. Währenddessen mehren sich die Anzeichen der drohenden Naturkatastrophe. Im letzten Moment nimmt Timon den Maler Scrofa mit. Vom Schiff aus werden sie Zeuge des Vulkanausbruchs. – Die bis zum Schluss durchgehaltene Spannung, die lebendige Personenzeichnung und vor allem der farbig und plastisch dargestellte Hintergrund werden einen großen Leserkreis ansprechen. Für Leserinnen und Leser ab 13 Jahren.

 Welchen Zweck hat dieser Zeitungsartikel?

 Solche Texte nennt man:

_____

 Der Zeitungsartikel besteht aus zwei Teilen. Wie unterscheiden sich die beiden Teile?

 Du willst deinem Freund oder deiner Freundin dieses Buch empfehlen. Was erscheint dir wichtig für den ersten und für den zweiten Teil?

Schreibe eine Buchempfehlung zu „Im Schatten des Vesuv" für eure Schülerzeitung.

DAS RÄTSEL ZUM BUCH

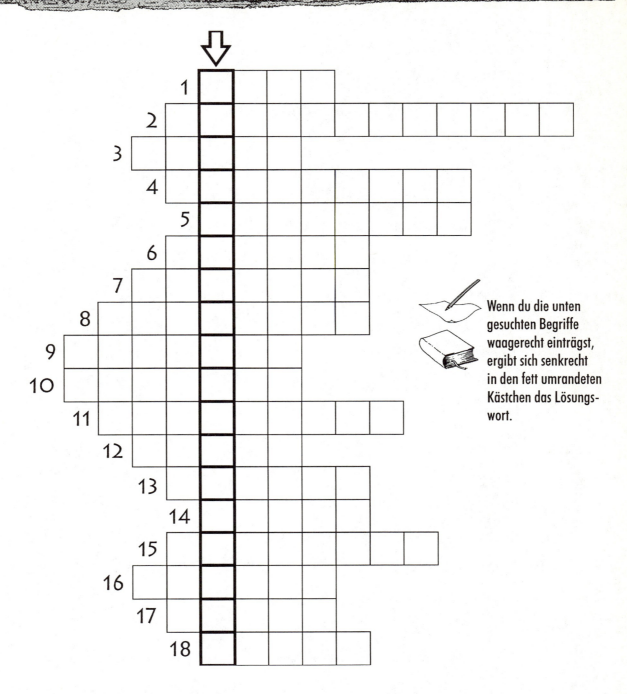

Wenn du die unten gesuchten Begriffe waagerecht einträgst, ergibt sich senkrecht in den fett umrandeten Kästchen das Lösungswort.

1 ägypt. Göttin, von Römern verehrt (S. 129)
2 Schauplatz blutiger Spiele (S. 100)
3 Vulkan in Italien
4 heißer Wind aus Afrika (S. 99)
5 griech. Held, Halbgott (S. 7)
6 Herr eines Sklaven (S. 32)
7 reiche Familie in Pompeji (S. 41)
8 röm. Münze (S. 17)
9 Sohn des Zeus, Andromedas Retter (S. 47)
10 Ausbilder eines Sportlers (S. 101)
11 Kämpfer im Zirkus (S. 59)
12 Kampfbahn (S. 55)
13 ägypt. Göttin (S. 129)
14 Göttin der Liebe (S. 7)
15 große Stadt nahe Pompeji (S. 34)
16 Bild aus kleinen Steinen (S. 45)
17 Lehrer, Erzieher (S. 121)
18 vornehmes Landhaus (S. 75)

LITERATUR-KARTEI: „IM SCHATTEN DES VESUV"

56

© Verlag an der Ruhr, Postfach 10 22 51, 45422 Mülheim an der Ruhr

FLUCHT AUS POMPEJI
EIN SPIEL FÜR 2 BIS 6 SPIELER

Spielidee:
Im August des Jahres 79 n. Chr. mehren sich die Anzeichen eines nahen Vesuvausbruchs. Während eines Besuchs des Amphitheaters entschließt ihr euch, mit dem Schiff aus Pompeji zu fliehen. Vorher müsst ihr euer Schiff möglichst schnell mit Proviant ausrüsten.

Spielvorbereitung:
- Spielplan auf eine festere Unterlage kleben und evtl. farblich gestalten. (Zur besseren Übersicht es sinnvoll, die Häuser der Geldverleiher, die Läden und die Ereignisfelder mit jeweils einer Farbe zu kennzeichnen.)
- Schiffskarte, Münzen und Warensymbole kopieren, ausschneiden und anmalen: Für jeden Mitspieler wird eine Schiffskarte, Münzen im Wert von mindestens 30 Sesterzen und jedes der sieben Warensymbole benötigt. Die Münzen und Warensymbole werden neben den Spielplan gelegt, jeder Spieler erhält ein Schiff.
- Ereignis- und Fragekarten auf dünne Pappe kleben, ausschneiden und verdeckt neben den Spielplan legen.
- Für jeden Mitspieler eine Spielfigur aus einem beliebigen Gesellschaftsspiel entnehmen und im Startfeld, dem Amphitheater, aufstellen. Eine zusätzliche Figur kommt auf das Feld 1 unter der Vulkanöffnung.

Spielregeln:
- Wer die höchste Zahl würfelt, fängt an.
- Die Figuren rücken um die gewürfelte Zahl auf den Straßen vor. Die Stadt kann dabei an einem Tor verlassen und – in der nächsten Runde – durch ein beliebiges Tor wieder betreten werden.
- Vor der Flucht müsst ihr euer Schiff mit Lebensmitteln ausrüsten. Das Geld für den Einkauf leiht ihr euch vorher bei wohlhabenden Patriziern. Um das Geld zu bekommen, geht ihr zum Haus eines Geldverleihers und nehmt eine Fragekarte vom Stapel. Wenn ihr richtig geantwortet habt, erhaltet ihr die auf der Fragekarte vermerkte Geldmenge. (Zur Kontrolle könnt ihr die angegebene Buchseite aufschlagen.) Danach müsst ihr zu einem anderen Geldverleiher oder zu einem Geschäft gehen.
- Mit dem Geld könnt ihr die Lebensmittel in den eingezeichneten Läden kaufen. Die Waren und die Preise findet ihr auf der Tafel im Spielplan.
- Die Waren transportiert ihr durch das Hafentor zu eurem Schiff. Dabei könnt ihr höchstens drei Waren auf einmal tragen. Danach müsst ihr durch das Hafentor in die Stadt zurückkehren und die restlichen Lebensmittel kaufen.
- Kommt ihr auf ein Ereignisfeld, zieht ihr eine Ereigniskarte und befolgt die Anweisung.
- Mit jeder gewürfelten Sechs rückt die Spielfigur unter der Vulkanöffnung um eine Position auf der Gefahrenleiste nach oben. Sie bezeichnet das aufsteigende Magma. Bevor die Figur das 16. Feld erreicht hat, müssen alle Spieler die Stadt durch ein Tor verlassen haben. Ist das oberste Feld des Kegels erreicht, bricht der Vulkan aus und das Spiel ist zu Ende.

Wer gewinnt?
Sieger ist, wer vor Ausbruch des Vesuv zuerst alle Lebensmittel auf sein Schiff gebracht hat, oder wer vor Ausbruch des Vesuv die Stadt verlassen und die meisten Lebensmittel an Bord hat. Nur wenn kein Spieler vor Ausbruch des Vesuv die Stadt verlassen konnte, gewinnt der Spieler, der die meisten Waren in seinem Schiff hat. Schließlich ist es im Zweifelsfall wichtiger mit dem Leben davon zu kommen!

LITERATUR-KARTEI: „IM SCHATTEN DES VESUV"

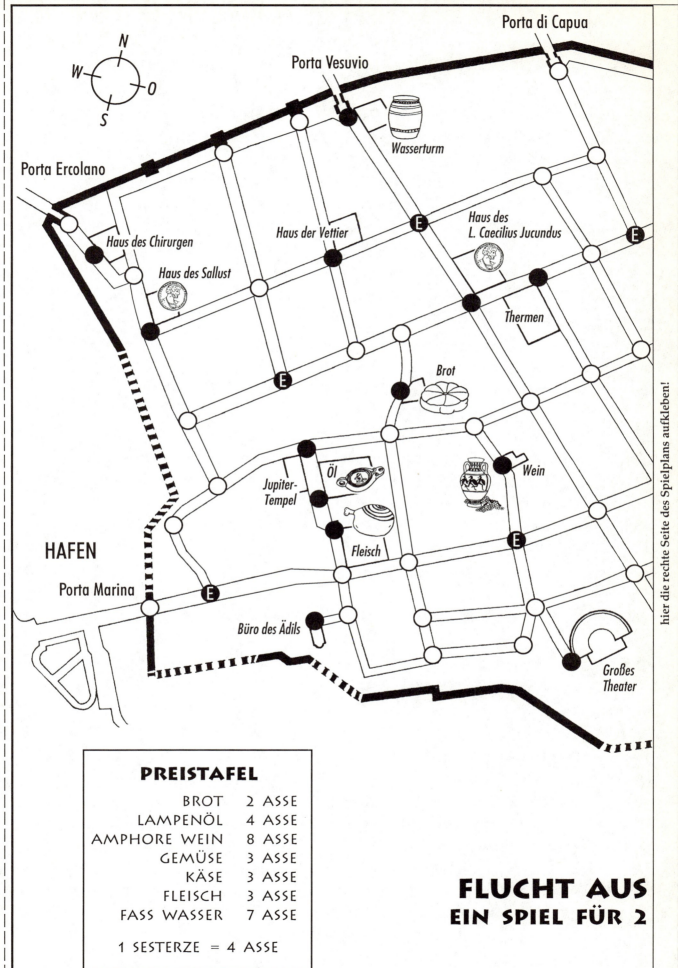

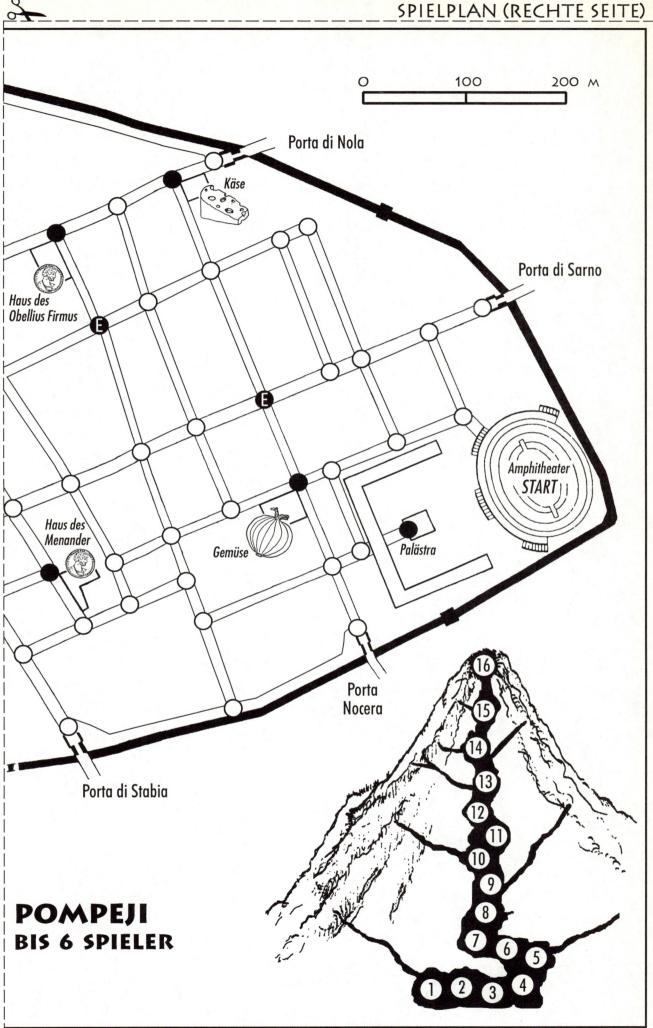

FLUCHT AUS POMPEJI
EIN SPIEL FÜR 2 BIS 6 SPIELER

EREIGNIS-KARTEN

E — Freunde überreden dich, in die Palästra mitzukommen und den neuen Gladiator anzusehen.

E — Gehe zum Haus der Vettier. Du erhältst dort 4 Asse für gelieferte Waren.

E — Ein Freund leiht dir seinen Esel. Er bringt dich mit den Waren direkt zum Hafentor.

E — Hole aus den Thermen deine vergessene Toga.

E — Ein Taschendieb hat dir dein Geld gestohlen.

E — Du verschüttest das Wasser. Gehe zum Wasserturm und hole kostenlos neues. Hast du kein Wasser dabei, brauchst du nicht zu gehen.

E — Gehe in den Jupitertempel um dort den Gott um Hilfe und Schutz zu bitten.

E — Du findest einen Beutel mit 9 Assen.

E — Um den unangenehmen Fragen eines Bekannten zu entgehen, musst du einen Umweg laufen. Gehe drei Felder zurück in die Richtung, aus der du kommst.

E — Gehe zur Porta di Capua und verabschiede dich dort von einer Freundin, die zu Fuß fliehen will.

E — Du hast dich an einem Brunnen erfrischt und kannst noch einmal würfeln.

Blankokarten:

E

E — Gehe zum Büro des Ädils und zahle 2 Asse Strafe, weil du auf das Forum mit einem Karren gefahren bist.

E — Deine Waren werden dir zu schwer. Miete dir einen Karren für 2 Asse oder setze in der nächsten Runde mit dem Würfeln aus und erhole dich.

E

E — Gehe zum großen Theater und zahle 1 Sesterze Miete für deine Loge.

E — Du hast dich verletzt. Gehe zum Haus des Chirurgen. Der Verband kostet 3 Asse.

E

LITERATUR-KARTEI: „IM SCHATTEN DES VESUV"

60

© Verlag an der Ruhr, Postfach 10 22 51, 45422 Mülheim an der Ruhr

FLUCHT AUS POMPEJI
EIN SPIEL FÜR 2 BIS 6 SPIELER

FRAGE-KARTEN I

Warum nennt Scrofa Timon Tullio? (S. 5) **1 SESTERZE**	Mit welchem Lebensmittel handelt Marcus Scaurus? (S. 23) **4 ASSE**	Eine Nachbarstadt Pompejis, die auch vom Vesuv zerstört worden ist. (S. 42) **2 SESTERZEN**
Welcher Sagenheld erwürgt schon als Kind Schlangen? (S. 7) **8 ASSE**	Wie heißen große, prächtige Grabmäler? (S. 23) **8 ASSE**	Wer rettet Andromeda? (S. 47) **2 SESTERZEN**
Wie heißt die Patronin (Schutzheilige) der Stadt Pompeji? (S. 11) **2 SESTERZEN**	Was geschah mit Timon in Brundisium? (S. 25) **1 SESTERZE**	Welche Göttin schickt den Piraten die Schiffe? (S. 60) **10 ASSE**
Durch welches Tor betreten Timon und Scrofa zum ersten Mal Pompeji? (S. 13) **4 ASSE**	Wo hat Caius Vettius sein Büro? (S. 33) **6 ASSE**	Weshalb müssen Timon und Scrofa das Gemälde in 5 Tagen fertig haben? (S. 68) **6 ASSE**
Wie heißt Livias Mann? (S. 14) **1 SESTERZE**	Wie heißt das Übergewand der vornehmen Römer? (S. 37) **1 SESTERZE**	Wie heißen kleine geflügelte Götterfiguren? (S. 72) **8 ASSE**
Wie heißt der Pförtner der Vettier? (S. 19) **2 SESTERZEN**	Wen soll Cornelia heiraten? (S. 41) **6 ASSE**	Lateinisches Wort für Erzieher. (S. 75) **8 ASSE**

LITERATUR-KARTEI: „IM SCHATTEN DES VESUV"

FLUCHT AUS POMPEJI
EIN SPIEL FÜR 2 BIS 6 SPIELER

FRAGE-KARTEN II

Wer ist der Tutor des Trebius Glaucus? (S. 75) — **1 SESTERZE**	Heißer Wind im Mittelmeergebiet, der aus der Sahara kommt. (S. 99) — **10 ASSE**	Weshalb interessieren die Piraten sich für den kleinen Korb? (S. 141) — **8 ASSE**
Wo liegt die Villa des Trebius Glaucus? (S. 75) — **10 ASSE**	Römische Bezeichnung für „kleine Weinschenke, Gasthaus". (S. 102) — **1 SESTERZE**	Die dem Wind abgewandte Seite eines Schiffes. (S. 151) — **2 SESTERZEN**
Hohe, pyramidenähnlich geformte, immergrüne Bäume in Italien. (S. 77) — **10 ASSE**	Wie heißt das Piratenschiff? (S. 110) — **2 SESTERZEN**	Die Form dieser Kiefernart nimmt die Rauchwolke über dem Vesuv an. (S. 154) — **6 ASSE**
Unter welchem Vorwand wird Marso aus der Kaserne geholt? (S. 88) — **6 ASSE**	Wie erklärt Caius Vettius seinen Sklaven das schreckliche Brüllen kurz vor dem Erdstoß? (S. 116) — **10 ASSE**	Weshalb ist der Admiral Plinius unterwegs? (S. 156) — **5 ASSE**
Was bedeutet es, wenn die Katzen unruhig werden? (S. 91) — **6 ASSE**	Zu wem wäre Timon gekommen, wenn Scrofa ihn nicht gekauft hätte? (S. 130) — **3 SESTERZEN**	„Ruder" in der Seemannssprache (sich „in die … legen"). (S. 157) — **2 SESTERZEN**
Wessen Gesicht soll die Gorgo auf Timons Gemälde tragen? (S. 94) — **2 SESTERZEN**	Zwei bekannte Inseln im Golf von Neapel. (S. 141) — **8 ASSE**	Wie heißt Timons Hund? (S. 159) — **10 ASSE**

LITERATUR-KARTEI: „IM SCHATTEN DES VESUV"

© Verlag an der Ruhr, Postfach 10 22 51, 45422 Mülheim an der Ruhr

FLUCHT AUS POMPEJI
EIN SPIEL FÜR 2 BIS 6 SPIELER

SCHIFFS-KARTE UND WARENSYMBOLE

(pro Mitspieler und Mitspielerin 1 x kopieren)

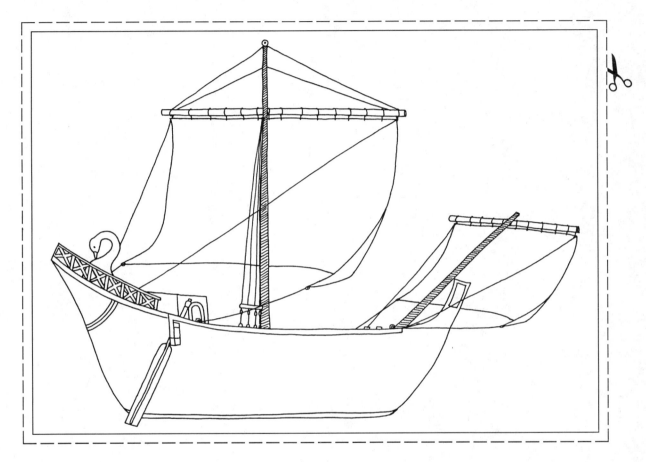

LITERATUR-KARTEI: „IM SCHATTEN DES VESUV"

FLUCHT AUS POMPEJI
EIN SPIEL FÜR 2 BIS 6 SPIELER

MÜNZEN

(pro Mitspieler und Mitspielerin 3 x kopieren)

SESTERZEN

ASSE

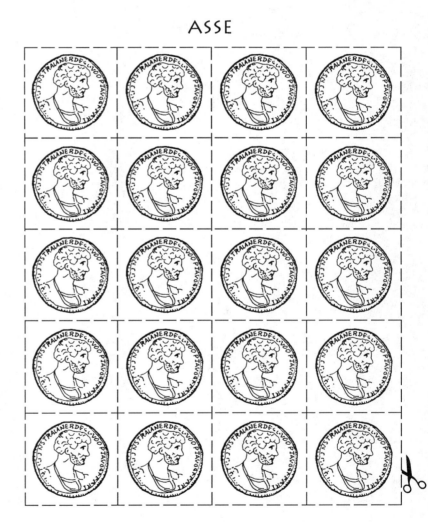

LÖSUNGEN

RÖMISCHE ORTE: DAMALS UND HEUTE   S. 11

Pompeii: Pompeii (Pompeji)
Stabiae: Castellammare di Stabia
Neapolis: Napoli (Neapel)
Misenum: Miseno
Acerrae: Acerra
Vesuvius: Vesuvio (Vesuv)
Capreae: Capri
Nuceria: Nocera
Herculaneum: Herculaneum
Puteoli: Pozzuoli
Baiae: Bacoli
Nola: Nola
Surrentum: Sorrento
Aenaria: Ischia

SCHUL-LATEIN   S. 23

1. **D**IKTAT   (lat. dictata)
2. KRE**I**DE   (lat. creta)
3. KOP**I**EREN   (lat. copia = Vorrat, Menge)
4. PAU**S**E   (lat. pausa)
5. S**C**HULE   (lat. schola)
6. **H**ARMONIE   (lat. harmonia)
7. AU**L**A   (lat. aula)
8. REFER**A**T   (lat. refero, referre, … = wiedergeben, vortragen, berichten)
9. S**C**HREIBEN   (lat. scribo, scribere, …)
10. MAT**H**EMATIK   (lat. mathematica)
11. **T**AFEL   (lat. tabula)
12. T**I**NTE   (lat. tingo, tingere, … = eintauchen, bestreichen, färben)
13. **M**USIK   (lat. musica)
14. NO**T**EN   (lat. nota = Zeichen, Anmerkung)
15. ZIRK**E**L   (lat. circulus = Kreis)
16. **A**BITUR   (lat. abitus = Abzug, Ausgang)
17. PUL**T**   (lat. pulto, pultare, … = auf etwas klopfen)
18. T**O**N   (lat. tono, tonare, … = laut ertönen, dröhnen)
19. GLO**B**US   (lat. globus = Kugel, Ball)
20. S**U**MME   (lat. summa, summarum)
21. G**R**AMMATIK   (lat. grammatica)
22. RADIER**G**UMMI   (lat. rado, radere, … = kratzen, abschaben)
23. LIN**E**AL   (lat. linea = Linie)
24. FE**R**IEN   (lat. feriae)
25. LÖ**W**E   (lat. leo)
26. KL**A**SSE   (lat. classis)
27. RE**L**IGION   (lat. religio)
28. **D**IFFERENZ   (lat. differentia)

Lösung:
DIE SCHLACHT IM TEUTOBURGER WALD

RÖMISCHE SPUREN I   S. 25

Aquae: Aachen
Augusta Treverorum: Trier
Augusta Vindelicorum: Augsburg
Bingium: Bingen
Bonna: Bonn
Cambodunum: Kempten
Castra Regina: Regensburg
Colonia Claudia Ara Agrippinensium: Köln
Confluentes: Koblenz
Constantia: Konstanz
Iuliacum: Jülich
Mogontiacum: Mainz
Novaesium: Neuss
Brigantium: Bregenz
Basilia: Basel
Salodurum: Solothurn
Curia: Chur
Genava: Genf
Bauzanum: Bozen
Vindobona: Wien

Albis: Elbe
Danuvius: Donau
Isara: Isar
Aenus: Inn
Moenus: Main
Mosella: Mosel
Rhenus: Rhein
Visurgis: Weser
Murus: Mur
Dravus: Drau

RÖMISCHE SPUREN II   S. 26

planta	– Setzling, Ableger
rosa	– Rose
pirum	– Birne
nux	– Nuss
radix	– Radieschen
vinum	– Wein
caseus	– Käse
orgia	– nächtliche Feier, Orgie
carrus	– Karren, Wagen
strata	– gepflasterte Straße
murus	– Mauer
fenestra	– Fenster
camera	– Vorratskammer
cellarium	– (Wein-)Keller
caminus	– Kamin
canalis	– Kanal, Röhre
villa	– Villa, Landhaus
lampas	– Leuchte, Kerze, Licht
discus	– Diskus, Teller
tabula	– Tafel, Brett
moneta	– Münze, Geld
Augustus	– August (der Monat, in dem Kaiser Augustus starb)
papyrus	– Papyrusstaude, Papier
sandalium	– Sandale
catapulta	– Katapult, Wurfgeschoss

LITERATUR-KARTEI: „IM SCHATTEN DES VESUV"

LÖSUNGEN

RECHNEN WIE DIE RÖMER S. 27

Lösung:
Die Kirche wurde 1734 renoviert.

DAS RÄTSEL ZUM BUCH S. 56

1. ISIS
2. AMPHITHEATER
3. VESUV
4. SCHIROKKO
5. HERKULES
6. PATRON
7. VETTIER
8. SESTERZE
9. PERSEUS
10. TRAINER
11. GLADIATOR
12. ARENA
13. OSIRIS
14. VENUS
15. NEAPOLIS
16. MOSAIK
17. TUTOR
18. VILLA

EIN VULKAN AUS DEM BACKOFEN S. 49

Der Deckel des Törtchens entspricht der **Erdkruste** über dem Vulkan. Das kleine Loch im Deckel ist wie eine **dünne Stelle in der Erdkruste**. Die Marmelade entspricht dem **Magma**, bzw. – nachdem sie ausgetreten ist – der **Lava**. Wenn sich die Törtchen erhitzen, drängt die Luft im Inneren der Törtchen die **Marmelade** heraus, die „Törtchenvulkane" brechen aus.

DER AUFBAU VON VULKANEN S. 48

1. Gas- und Aschewolke
2. Erdkruste
3. Hauptschlot
4. Erdmantel (oberer Teil)
5. Hauptmagmaherd
6. kleinere Kammer mit sich ausdehnendem Magma
7. Nebenschlot
8. Vulkankegel
9. Lava

MUSEUMSADRESSEN

> **MUSEEN UND AUSGRABUNGSSTÄTTEN ZUR RÖMERZEIT**
> *(nach Postleitzahlen sortiert)*

ÖSTERREICH

1014 Wien
Niederösterreichisches
Landesmuseum,
Herrengasse 9,
Tel. 02 22 / 531 10 -35 05
oder -32 10,
Fax 531 10 -20 60

2405 Bad Deutsch Altenburg
Archäologischer Park
Carnuntum und
Archäologisches Museum
Carnuntium,
Badgasse 40–42,
Tel. 021 65 / 24 80,
Fax 40 70

4020 Linz
Oberösterreichisches
Landesmuseum –
Francisco Carolinum,
Museumstr. 14,
Tel. 07 32 / 77 44 -82, -83 oder -84,
Fax 77 44 -82 66

9021 Klagenfurt
Landesmuseum für Kärnten,
Museumgasse 2,
Tel. 04 63 / 53 63 05 52,
Fax 53 63 05 40

SCHWEIZ

1260 Nyon (Vaud)
Musée Romain,
Rue Maupertuis,
Tel. 0 22 / 361 75 91
oder 363 82 82,
Fax 361 90 01

1580 Avenches (Vaud)
Musée romain d'Avenches,
C.P. 142,
Tel. 0 37 / 75 17 -30 oder -27,
Fax 76 12 24

4302 Augst (Basel-Land)
Römermuseum Augst,
Giebenbachstr. 17,
Tel. 0 61 / 816 22 22,
Fax 816 22 61

8023 Zürich
Schweizerisches Landesmuseum,
Museumstr. 2,
Postfach 6789,
Tel. 01 / 218 65 11,
Fax 211 29 49

DEUTSCHLAND

10178 Berlin
Pergamonmuseum,
Staatliche Museen zu Berlin,
Bodestr. 1–3,
Tel. 0 30 / 20 90 50, Fax 20 90 63 50

24837 Schleswig
Schloß Gottorf, Archäologisches
Landesmuseum der Christian
Albrechts Universität,
Tel. 0 46 21 / 81 33 00, Fax 81 35 35
(Prof. Dr. Schietzel)

44137 Dortmund
Museum für Kunst
und Kulturgeschichte,
Hansastr. 3,
Tel. 02 31 / 502 55 25,
Fax 502 55 11

45128 Essen
Museumszentrum,
Goethestr. 41,
Tel. 02 01 / 884 52 35,
Fax 884 51 38
(Dr. Charlotte Gerchow-Trümpler)

45721 Haltern
Westfälisches Römermuseum,
Weseler Str. 100,
Tel. 023 64 / 937 60, Fax 93 76 30
(Dr. Aßkamp)

46509 Xanten
Regionalmuseum,
Kurfürstenstr. 7–9,
Tel. 028 01 / 719 40;

Archäologischer Park,
Trajanstr. 4,
Tel. 028 01 / 71 20, Fax 71 21 49
(Dr. Anita Rieche)

47051 Duisburg
Kultur- und
Stadthistorisches Museum,
Johannes-Corputius-Platz 1,
Tel. 02 03 / 28 32 -656 oder -640,
Fax 283 43 52

MUSEUMSADRESSEN

48143 Münster
Westfälisches Landesmuseum,
Domplatz 10,
Tel. 02 51 / 59 07 01, Fax 590 72 10

49078 Osnabrück
Kulturgeschichtliches Museum,
Heger-Tor-Wall 28,
Tel. 05 41 / 323 22 37,
Fax 323 15 10
(Prof. Dr. Schlüter)

49565 Bramsche
Ausgrabungsstätte Kalkriese
(an der B 218 von Bramsche
nach Minden),
Info-Zentrum Kalkriese,
Tel. 054 68 / 92 04 48

50667 Köln
Römisch-Germanisches
Museum, Roncalliplatz 4,
Tel. 02 21 / 22 14 -438 oder -590,
Fax 221 40 30

52066 Aachen
Museum Burg Frankenberg,
Bismarckstr. 68,
Tel. 02 41 / 432 44 10, Fax 370 75
(Herr Dr. Ollers)

53115 Bonn
Rheinisches Landesmuseum,
Colmantstr. 14–16,
Tel. 02 28 / 729 41, Fax 729 42 99
(Dr. Ursula Heimberg)

54290 Trier
Rheinisches Landesmuseum,
Weimarer Allee 1,
Tel. 06 51 / 977 40, Fax 977 42 22

55116 Mainz
Römisch-Germanisches Zentral-
museum, Forschungsinstitut für
Vor- und Frühgeschichte,
Ernst-Ludwig-Platz 2,
Tel. 061 31 / 912 40, Fax 912 41 99
(Dr. E. Künzl)

61352 Bad Homburg
Saalburgmuseum,
Saalburg-Kastell,
Tel. 061 75 / 31 48, Fax 75 43
(Dr. Schallmayer)

66117 Saarbrücken
Landesmuseum für
Vor- und Frühgeschichte,
Am Ludwigsplatz 15,
Tel. 06 81 / 95 40 50, Fax 954 05 10

70173 Stuttgart
Württembergisches
Landesmuseum,
Schillerplatz 6,
Tel. 07 11 / 27 90, Fax 279 34 99
(Dr. Martin Kemkes)

72379 Hechingen
Römisches Freilichtmuseum
Hechingen-Stein,
Tel. 074 71 / 64 00 oder 36 14

73430 Aalen
Limesmuseum
(Zweigmuseum des Württ.
Landesmuseums Stuttgart),
St.-Johann-Str. 5,
Tel. 073 61 / 96 18 19, Fax 96 18 39
(Herr Sauerborn)

80538 München
Prähistorische Staatssammlung,
Lerchenfeldstr. 2,
Tel. 089 / 29 39 11, Fax 22 52 38
(Dr. Garbsch)

86150 Augsburg
Römisches Museum,
Dominikanergasse 15,
Tel. 08 21 / 324 21 80, Fax 324 27 71

87435 Kempten
Römer- und
Naturkundemuseum,
Residenzplatz 31,
Tel. 08 31 / 123 67 oder 57 42 58
(Dr. Gerhard Weber);

Archäologischer Park,
Cambodunumweg,
Tel. 797 31

MUSEEN IM INTERNET

Die Internet-Adresse
http://www.dhm.de/links.html
vom Deutschen Historischen
Museum Berlin bietet eine
umfangreiche Liste der Museen
im Internet unter den Stich-
worten:
- Museen in Deutschland
- Museen der Welt
- virtuelle Museen
- weitere museale
  und historische Links

LITERATUR- UND MEDIENVERZEICHNIS

UNTERRICHTSMATERIAL

THEMA: RÖMER

Landschaftsverband Rheinland (Hg.): *Römer in Xanten. Schülerhefte 1–5*, Köln 1990–1996

ders.: *Der Würfelturm / Römischer Abacus* (Bastelbögen)

ders.: *So spielten die Alten Römer. Römische Spiele im Archäologischen Park Xanten*, mit Texten von Anita Rieche, 3. Aufl.: Köln 1994 (ISBN 3-7927-1220-2)

Die Unterrichtsmaterialien des Landschaftsverbandes Rheinland sind zu beziehen über: Rheinland Verlags- und Betriebsgesellschaft, Abtei Braunweiler, 50259 Pulheim

Hürbin, W.: *Römisches Brot. Mahlen Backen Rezepte*, Augster Blätter zur Römerzeit 4, Römermuseum Augst 1980 (**Adresse: siehe Museumsliste**)

Müller-Vogel, V.: *Römische Kleider zum Selbernähen*, Augster Blätter zur Römerzeit 5, in: Baselbieter Heimatbuch 15, Augst 1986 (ISBN 3-7151-2005-8)

LITERATUR FÜR KINDER & JUGENDLICHE

THEMA: RÖMER

Anno, M.: *Anno's Sonnenuhren. Die Zeit erleben*, Frankfurt a.M.: Sauerländer 1987 (ISBN 3-7941-2857-5)

Bechert, T.: *Marcus, der Römer. Ein historisches Lebensbild aus dem römischen Xanten*, Gummersbach: Gronenberg 1985 (ISBN 3-88265-124-5)

Carstensen, C.: *Römische Sagen*, München: Deutscher Taschenbuch Verlag 1978 (ISBN 3-423-70317-2)

Chisholm, Jane: *Alltag bei den Römern*, München: ars edition 1989 (ISBN 3-7607-4517-2)

Conolly, Peter: *Pompeji*, Hamburg: Tessloff Verlag 1979 (ISBN 3-7886-0183/3)

ders.: *Die Römische Armee*, Hamburg: Tessloff Verlag 1976 (ISBN 3-7886-0180/9)

James, Simon: *Blick in die Geschichte. Das Alte Rom*, Erlangen: Karl Müller Verlag 1992 (ISBN 3-86070-253-X)

Landschaftsverband Rheinland (Hg.): *Archäologie im Rheinland*, Jahrbuch ab 1987

Macaulay, David: *Eine Stadt wie Rom. Planen und Bauen in der römischen Zeit*, München: Deutscher Taschenbuch Verlag 1978 (ISBN 3-423-07902-9)

Maulucci, F. P.: *Die letzten Tage von Pompeji. Führer zu den Ausgrabungen in Comics*, Mailand 1990

Stephan-Kühn, Freya: *Viel Spaß mit den Römern!*, Würzburg: Arena-Verlag 1986 (4. Aufl.)

Stöver, Hans Dieter: *Drei Tage in Rom. Land- und Stadtleben zur Zeit Caesars*, Zürich/München: Artemis 1988 (ISBN 3-7608-0742-9)

Tarnowski, Wolfgang: *Gladiatoren*, Hamburg: Tessloff Verlag 1987 (Was ist Was, Bd. 82)

Ventura, Piero/Gian Paolo Ceserani: *Pompeji. Glanz und Untergang einer römischen Stadt*, Zürich/München: Artemis 1984

THEMA: VULKANE

Bisel, Sarah C.: *Die Geheimnisse des Vesuv. Die Geschichte einer verschütteten Stadt wird lebendig*, Nürnberg: Tessloff Verlag 1991

Farndon, John: *Rund um die Erde. Ein Buch für die ganze Familie. Spannende Projekte und Versuche* (Reihe „Beobachten, Experimentieren, Entdecken"), München: Christian Verlag 1993

Kirst, Werner: *Der Vulkan*, Stuttgart: DVA 1974

Röhrig, Tilman: *Vom Ausbruch des Vesuv*, Hamburg: Friedrich Oetinger 1991

Ruggieri, Mario und Gabriela: *Vulkane*, Hamburg: Tessloff Verlag 1978

Woodcock, Roy: *Vulkane*, Nürnberg: Tessloff Verlag 1986 (Was ist Was, Bd. 57)

LITERATUR FÜR JUGENDLICHE & ERWACHSENE

THEMA: RÖMER

Alföldi-Rosenbaum, Elisabeth: *Das Kochbuch der Römer. Rezepte aus der „Kochkunst" des Apicius*, Zürich: Artemis 1993 (10. Aufl., ISBN 3-7608-4043-4)

Bausteine Grundschule 3/1996: Auf den Spuren der Römer (ISSN 0934-3814)

Blank, H.: *Einführung in das Privatleben der Griechen und Römer*, Darmstadt: Wissenschaftliche Buchgesellschaft 1976 (ISBN 3-534-06066-0)

Das Archäologische Museum Neapel. Praktischer Führer – Deutsch, Mailand: Federico Garolla Editore 1986

Castrén, P.: *Ordo Populsque Pompeianus. Policy and Society in Roman Pompeii*, (Acta Instituti Romani Finlandiae, Bd. 8), Rom 1975

Christ, Karl: *Geschichte der römischen Kaiserzeit. Von Augustus bis zu Konstantin*, München: Verlag C. H. Beck 1995 (3. Aufl.)

Coarelli, Filippo (Hg.): *Lübbes archäologischer Führer Pompeji*, Bergisch Gladbach: Gustav Lübbe Verlag 1979

Curtius, Ludwig: *Die Wandmalerei Pompejis. Eine Einführung in ihr Verständnis*, Darmstadt: Wissenschaftliche Buchgesellschaft 1972 (1. Aufl.: Leipzig 1929)

Eschebach, Hans: *Die städtebauliche Entwicklung des antiken Pompeji* (Mitteilungen des Dt. Arch. Instituts, Röm. Abt., 17. Ergänzungsheft), Heidelberg 1970

Etienne, Robert: *Pompeji, die eingeäscherte Stadt*, Ravensburg: Otto Maier Verlag 1991

Literatur- und Medienverzeichnis

Etienne, Robert: *Pompeji. Das Leben in einer antiken Stadt,* Stuttgart: Reclam Verlag 1974 (ISBN 3-15-010245-6)

Gerlach, G.: *Essen und Trinken in römischer Zeit,* Köln: Rheinland-Verlag 1986

Giacosa, Ilaria Gozzini: *Genießen wie die Alten Römer. Antike Küche neu entdeckt,* Frankfurt a.M.: Eichborn 1995 (ISBN 3-8218-1318-0)

Grant, Michael: *Pompeji, Herculaneum. Untergang und Auferstehung der Städte am Vesuv,* Bergisch Gladbach: Gustav Lübbe Verlag 1978 (ISBN 3-7857-0219-1)

ders./Hazel, John: *Lexikon der antiken Mythen und Gestalten,* München: Deutscher Taschenbuch Verlag 1993 (9. Aufl., ISBN 3-423-03181-6)

Heimberg, U./Rieche, A.: *Die römische Stadt,* Köln: Rheinland-Verlag 1986

Höckmann, Olaf: *Antike Seefahrt,* München: C. H. Beck 1985

Holliger, Ch. u. Cl.: „Römische Spielsteine und Brettspiele", in: *Jahresbericht der Gesellschaft Pro Vindonissa* 1983, S. 5–23

Juvenal: *Satiren,* Übers., Einf. und Anhang v. Harry C. Schuster. Stuttgart: Reclam 1969 (RUB 8598)

Kirsten, Ernst: *Süditalienkunde. Bd. 1: Campanien und seine Nachbarlandschaften,* Heidelberg: Karl Winter 1975

Kretzschmer, Fritz: *Bilddokumente römischer Techniker,* Düsseldorf: VDI-Verlag 1983 (ISBN 3-18-400598-4)

Mayeske, B.: *Bakeries, Bakers and Bread at Pompeii. A Study in Social and Economic History,* Diss. University of Maryland 1972

McKay, Alexander G.: *Römische Häuser, Villen und Paläste.* Feldmeilen: Raggi-Verlag 1980

Meissenburg, E.: „Altägyptische, -griechische und -römische Brettspiele", in: *Ziva Ant* 22/1972, S. 171-182

Moeller, W. O.: „The Riot of A. D. 59 at Pompeii", in: *Historia* 19/1970, S. 84–95

Peterich, Eckard/Pierre Grimal: *Götter und Helden. Die klassischen Mythen und Sagen der Griechen, Römer und Germanen.* München: Deutscher Taschenbuch Verlag 1971 (dtv Bd. 1359)

Plinius der Jüngere: *Briefe. 1.–9. Buch (Lat./Dt.),* hg. v. Heribert Philips, Stuttgart: Reclam (RUB 6979–6987)

Pomeroy, Sarah B.: *Frauenleben im klassischen Altertum,* Stuttgart: Alfred Kröner Verlag 1985

Pompeji I. Quellen zu Wirtschaft, Verwaltung und Leben in einer römischen Stadt, ausgew. und erl. v. Friedrich Knoke. Stuttgart: Klett 1988

Pompeji. Leben und Kunst in den Vesuvstädten, Recklinghausen: Verlag Aurel Bongers o. J. (4. Aufl.)

Praxis Geschichte 4/1989 (August): Römer am Rhein

Precht, G./Rieche, A./Schalles, H.-J.: *Die römischen Bäder,* Köln: Rheinland-Verlag 1989

Rieche, A./Maier, J.: „Mathematikunterricht im historischen Museum", in: *mathematik lernen* 47/1991 (August)

Rieche, A./Schalles, H.-J.: *Arbeit, Handwerk und Berufe in der römischen Stadt,* Köln: Rheinland-Verlag 1987

Sallust: *Historiae, Zeitgeschichte, Orationes et epistulae, Reden und Briefe,* übers. und hg. v. Otto Leggewie, Stuttgart: Reclam 1975 (RUB 9796)

Sawyer, R. W.: *An Analysis of the Political, Economic and Social Influence of Select Families of Colonial Pompeii,* Michigan: Ann Arbour 1974 (Diss. University of Michigan 1972)

Simon, E.: *Die Götter der Römer,* München: Hirmer Verlag 1990 (ISBN 3-7774-5310-2)

Schuller, Wolfgang: *Frauen in der griechischen und römischen Geschichte* (Konstanzer Bibliothek, Bd. 23), Konstanz: Universitätsverlag 1995 (ISBN 3-87940-522-0)

Tacitus: *Historien. Lateinisch-deutsch,* übers. u. hg. v. Helmuth Vretska, Stuttgart: Reclam 1984 (RUB 2721)

Tanzer, H. H.: *The Common People of Pompeii. A Study of the Graffiti,* Baltimore 1939

Tertullian: *De spectaculis – Über die Spiele,* übers. u. hg. v. Karl-Wilhelm Weeber, Stuttgart: Reclam 1988 (RUB 8477)

Väterlein, J.: *Roma ludens. Kinder und Erwachsene beim Spiel im antiken Rom* (Heuremata Bd. 5), Amsterdam 1976

Vulgus ignotum. Texte zur Arbeitswelt der römischen Antike, ausgew. u. komm. v. Klaus Weddigen, Stuttgart: Klett 1986

Weeber, Karl-Wilhelm: *Alltag im Alten Rom. Ein Lexikon,* Zürich: Artemis & Winkler 1995 (2. Aufl., ISBN 3-7608-1091-8)

Weiler, Ingomar (Hg.): *Soziale Randgruppen und Außenseiter im Altertum,* Graz: Leykam 1988

THEMA: VULKANE

Plinius der Jüngere: Vom Vesuvausbruch des Jahres 79 n. Chr., in: Norbert Zink (Hg.): *Modelle für den altsprachlichen Unterricht Latein,* Frankfurt a.M./Berlin/München: Moritz Diesterweg 1979

INTERNET-ADRESSEN

THEMA: RÖMER

http://www-personal.umich.edu/~pfoss/ROMARCH.html
Sammlung von Links zum römischen Italien und den Provinzen von der University of Michigan, USA

http://www.uni-tuebingen.de/uni/afj/internet.html
Übersicht zum Thema „Archäologie im Internet" vom Institut für Ur- und Frühgeschichte der Universität Tübingen

siehe auch:
Museen im Internet, S. 68

LITERATUR- UND MEDIENVERZEICHNIS

THEMA: VULKANE

http://volcano.und.nodak.edu/
Home Page of VolcanoWorld
(Learning about Volcanoes, Test Your Knowledge of Volcanoes, Exploring Earth's Volcanoes, What's Erupting Now, …)

http://www.aist.go.jp/GSJ/~jdehn/v-home.htm
The Volcanic Homepage
(The Volcanic Photo Archives, Volcanic Animations, Guide to Volcanologists on the Internet, Reference Materials on Volcanic Eruptions, …)

http://www.geol.ucsb.edu/~fisher/
The Volcano Information Center

http://www.geo.mtu.edu/volcanoes/world.html
MTU Volcanoes Page – World Reference Map

FILME, VIDEOS UND DIAREIHEN

Die folgenden Materialien sind in Deutschland über die Landesmedienanstalten/Medienzentren zu erhalten. Die Signaturen hinter den Titeln sind die der Landesbildstelle Rheinland. In anderen Gebieten können die Signaturen variieren.

THEMA: RÖMER

- **16-mm-Filme**

In einer römischen Familie
(32 10024, D 1989, 17 min)
Stadtbild Roms in der Kaiserzeit; Tagesablauf eines röm. Kindes

Das antike Rom
(32 10174, D 1992, 16 min)
Topografie und Architektur Roms

Das Wachsen des Römischen Reiches
(32 3983, D 1989, 16 min)
Eroberungen Roms von 380 v. Chr. bis 117 n. Chr.

Die Römer am Limes zwischen Donau und Rhein
(32 45030, D 1975, 16 min)
Römerspuren in Deutschland; Ursprung des Römischen Reiches; römisches Heer; Limes

Die Römer an Rhein und Donau
(32 10069, D 1990, 16 min)
röm. Zivilisation nördlich der Alpen; röm. Bauten; röm. Lebensweise

Ein römischer Kaufmann nördlich der Alpen
(32 44067, D 1974, 13 min)
Kultur und Lebensweise der Römer vor ca. 2000 Jahren in Germanien

- **VHS-Video**

Das Römisch-Germanische Museum Köln
(42 45821, D 1986, 45 min)
zur Vor- und Nachbereitung eines Museumsbesuchs

- **Diareihen**

Pompeji
(10 642, D 1963, 19 Dias)
Herkulaneum
(10 643, D 1963, 18 Dias)
freigelegte Bauwerke der verschütteten Städte; Eindrücke vom antiken Alltag

Römische Architektur: Republik
(10 45519, D 1964, 8 Dias)
u.a.: Basilika und Amphitheater in Pompeji

So lebten die Römer in Deutschland
(10 46465, D 1966, 45 Dias)
u.a.: Karte der röm. Provinzen in Deutschland; röm. Bauwerke und Alltagsgegenstände

THEMA: VULKANE

- **16-mm-Filme**

Italienische Vulkane
(32 2461, D 1975, 20 min)
Ätna, Vesuv und Stromboli; energiewirtschaftliche Nutzung von Vulkanen

Island und die Plattentektonik
(32 3856, D 1972, 19 min)
anschauliche Trickdarstellung auf der Basis des Vulkanismus bei Island

Plattentektonik – Unruhige Erde
(32 10364, D 1996, 15 min; auch als VHS-Video: 42 10364)
Ursachen des Vulkanismus; Schalenbau der Erde (Trickdarstellungen und Realaufnahmen)

Kontinentalverschiebung
(32 2422, Kanada 1968, 10 min)
Hypothesen zur langfristigen Veränderung der Erdoberfläche

Naturgewalten bedrohen den Menschen
(32 10073, Frankreich 1990, 16 min)
Ausbruch des Mount St. Helens u.a.; Früherkennungs- und Schutzmaßnahmen

- **VHS-Videos**

Vulkanismus: Vulkan und Mensch
(42 2042, D 1996, 17 min)
Vulkanbeobachtung; Schutzmaßnahmen; Nutzen von Vulkanen

Vulkanismus: Vulkantypen und Phänomene
(42 1829, D 1995, 25 min)
Erscheinungsformen des Vulkanismus; plattentektonische Vorgänge

Plattentektonik
(42 2041, D 1996, 28 min)
Vertiefung zum Film 32 10364 bzw. Video 42 10364

Auf dem Feuerball. Der wunderbare Planet
(42 48595, Japan 1990, 45 min)
Bedeutung von Vulkanismus / Erdbeben für Entstehung und Werdegang der Erde

Island
(42 50020, D 1991, 63 min)
Vulkanwache von 1985–1991; Vulkanausbruch auf Heimaey; Hekla-Ausbruch von 1991

- **Diareihen**

Vulkanismus: Begleiterscheinungen – Nutzen
(10 3230, D 1996, 12 Dias)
Ergänzung zu den Videos 42 2042 und 42 1829

Vulkanismus: Vulkantypen – Lavaformen
(10 3229, D 1995, 12 Dias)
Ergänzung zu den Videos 42 2042 und 42 1829

Plattentektonik
(10 3255, D 1996, 12 Dias)
Ergänzung zum Film 32 10364 und den Videos 42 10364 und 42 2041

LITERATUR-KARTEI: „IM SCHATTEN DES VESUV"

© Verlag an der Ruhr, Postfach 10 22 51, 45422 Mülheim an der Ruhr

...ücher • Unterrichtshilfen • Spiele • Projekte
...r Kindergarten, Schule und Jugendarbeit

Verlag an der Ruhr 97
Novitäten

Verlag an der Ruhr
Postfach 10 22 51
D–45422 Mülheim an der Ruhr
Tel.: 02 08/49 50 40
Fax: 02 08/4 95 04 95
e-mail: info@verlagruhr.de

Ihre Ansprechpartnerin:
Frau Weinheber
Tel.: 02 08/49 50 499

Unsere Auslieferungen:

pädexpress GmbH & Co. KG
Verlagsauslieferung
Postfach 12 03 63
D–45439 Mülheim an der Ruhr
Tel.: 02 08/49 50 40
Fax: 02 08/4 95 04 95

Sauerländer Verlag
Laurenzenvorstadt 89
CH–5001 Aarau
Tel.: 062/8368626
Fax: 062/8368620

Veritas-Verlag
Hafenstraße 1–3
A–4010 Linz
Tel.: 0732/776451-280
Fax: 0732/776451-239

Das Indianerbuch
Alte Überlieferungen und Kultur der amerikanischen Ureinwohner
Eine Werkstatt
Mari Lu Robbins

Spielen mit dem Ball
Ein Übungsbuch für Kindergarten und Grundschule
Peter Frey, Thomas Klotz

In Mythen und Legenden leben Geschichte und Kultur eines Volkes. Sie enthüllen die Geheimnisse des Universums und die Entstehung der Menschen. Noch heute sind sie für Kinder und Erwachsene so spannend wie vor Tausenden von Jahren, als sie zum ersten Mal erzählt wurden.
„Das Indianerbuch" versammelt mehr als dreißig indianische Geschichten vom Anfang der Welt, von Geisterwesen, Helden und gewitzten Tieren. Sinnlich erschlossen und vertieft wird jede Erzählung über Bastelarbeiten, Spiele, Kochrezepte und andere Aktivitäten. Die Kinder entwerfen Federschmuck, Rasseln und Fußbänder für indianische Tänze, basteln Wigwams, magische Amulette und Puppen aus Naturmaterialien oder kochen eine Kürbis-Mais-Suppe. Neben der geheimnisvollen Mythenwelt bleibt immer auch der damit eng verknüpfte Alltag der Ureinwohner im Blickpunkt.
5–11 J., 160 S., A4-quer, Pb.
ISBN 3-86072-313-8
Best.-Nr. 2313
38,- DM/sFr/277,- öS

Die Kindheit hat sich verändert. Die meisten Kinder wissen nicht mehr, wie es ist, einfach aus dem Haus zu gehen, draußen andere Kinder zu treffen und drauflozuspielen – ohne Verabredung und Termindruck.
Entsprechend verkümmert ist oft die Spielfähigkeit. Um sie zu entwickeln sind Ballspiele besonders gut geeignet, weil sie vielseitige Fertigkeiten fördern. Die hier beschriebenen und anschaulich illustrierten Spielformen und -übungen sind genau darauf ausgerichtet. Sie vermitteln und verbessern sowohl Techniken wie Fangen, Prellen, Dribbeln und Werfen als auch taktische und koordinative Fähigkeiten und trainieren die Kondition.
Besonderer Wert wird auf die Erziehung zu Selbstständigkeit und Fairness gelegt.
Zusätzlich finden Sie Planungs- und Materialvorschläge für Spiel- und Sportfeste sowie einen Turnierplaner.
Kiga/GS, 128 S., 16 x 23 cm, Pb.
ISBN 3-86072-310-3
Best.-Nr. 2310
24,80 DM/sFr/181,- öS

Verlag an der Ruhr • Postfach 10 22 51 • D–45422 Mülheim an der Ruhr • Tel.: 0208/495040 • Fax: 0208/4950495 • e-mail: info@verlagruhr.de

Kunst aktiv:
Paul Klee
Iris Lange-Niederprüm

Die spannenden, handlungsorientierten Informations- und Arbeitsblätter der Arbeitsmappe lassen die Bilder, ihre Entstehungszeit und die Künstler lebendig werden. Die Kinder lernen beim Selberbasteln, -malen und Ausprobieren Werktechniken und Stilepochen kennen. So gehen sie kreativ und produktiv mit Kunst um. „Kunst aktiv" lehnt sich locker an die im Eichborn-Verlag erschienene Reihe „Kunst für Kinder" an, die Leben und Werk populärer Künstler kindgerecht vermittelt. Die Mappen sind aber auch unabhängig davon einsetzbar.
(erscheint November 1997)
Kl. 4–7, ca. 60 S., A4, Papph.
ISBN 3-86072-295-6
Best.-Nr. 2295
32,- DM/sFr/234,- öS

Literatur-Kartei:
„Oma"
Bea Herrmann, Anneli Kinzel

Kalles Eltern kommen bei einem Autounfall ums Leben. Er zieht zu seiner Oma. Obwohl sie sich sehr mögen, haben die beiden auch Schwierigkeiten miteinander. Der Prozess der Gewöhnung aneinander und das Problem des Zusammenlebens so unterschiedlicher Generationen schildert Peter Härtling in seiner Erzählung „Oma".
Die Kartei fördert die intensive Auseinandersetzung mit der Lektüre. Unterschiedliche Schreibanlässe, Rätsel, Rollenspiele u.v.m. vertiefen inhaltliche Schwerpunkte und regen zum Dialog zwischen den Generationen an.
(erscheint August 1997)
Ab Kl. 4, ca. 75 S., A4, Papph.
ISBN 3-86072-319-7
Best.-Nr. 2319
36,- DM/sFr/263,- öS

Literatur-Kartei:
„Mit Jeans in die Steinzeit"
Uta Hartwig u.a.

Isabelle entdeckt mit anderen Jugendlichen eine eiszeitliche Höhle. Fasziniert erforschen sie Zeugnisse der Steinzeit: Waffen, Werkzeuge, Höhlenbilder.
Eine ungefährliche, aber umso spannendere Zeitreise können Ihre SchülerInnen mit dieser Kartei antreten. Im ersten Teil erforschen sie u.a. die Evolutionsgeschichte des Menschen. Im zweiten Teil finden sie Anleitungen für den Nachbau von steinzeitlichen Werkzeugen, für das Malen eines Höhlenbildes, „Original"-Steinzeitgerichte etc.
Ab Kl. 6, ca. 80 S., A4, Papph.
ISBN 3-86072-321-9
Best.-Nr. 2321
36,- DM/sFr/263,- öS

Literatur-Kartei:
„Sansibar oder der letzte Grund"
Michael Lamberty

Alfred Anderschs Roman ist die kammerspielartige Dokumentation einer Flucht aus dem nationalsozialistischen Deutschland. Die Arbeitsblätter der Literatur-Kartei folgen der Chronologie des Textes. Sie dienen zum einen einer strukturierten Verständnissicherung. Zum anderen werden mit den SchülerInnen in regelmäßigen Abständen Tafelbilder erarbeitet, die zentrale Stellen des Romans verknüpfen, Zwischenergebnisse fixieren und so helfen, Charaktere, Textaufbau und verwendete literarische Techniken nachzuzeichnen.
Ab Kl. 9, 84 S., Papph.
ISBN 3-86072-320-0
Best.-Nr. 2320
36,- DM/sFr/263,- öS

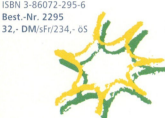

Erforschen, entdecken, begreifen
Die Mathewerkstatt, Klasse 1
Henny Küppers

Diese Werkstatt-Mappe ermöglicht ein offenes Mathematiklernen. Mit Hilfe von Alltagsmaterialien können die Kinder Mathematik in ihrer eigenen Umwelt spielerisch entdecken und grundlegende Strukturen begreifen. Gleichzeitig gibt Sie Ihnen als LehrerIn die Sicherheit, die Vorgaben des Lehrplans zu erfüllen. Die Mappe enthält neben einer Kartei, die zu den einzelnen Lerninhalten sehr unterschiedliche Darstellungsformen auf unterschiedlichen Niveaus enthält, auch Spielangebote.
(erscheint September 1997)
Ab Kl. 1, ca. 110 S., A4, Papph.
ISBN 3-86072-316-2
Best.-Nr. 2316
36,- DM/sFr/263,- öS

Mathe auffrischen
Aufgaben zum Üben und Wiederholen
Hans Joachim Blum, Hans J. Schmidt

Gerade mathematische Grundfertigkeiten geraten schnell wieder in Vergessenheit, wenn sie nicht wie hier mit abwechslungsreichen Übungsformen immer wieder einmal aufgefrischt werden: z.B. binomische Formeln, Umstellen von Gleichungen, geometrische Grundkenntnisse, Bruchrechnen, Prozentrechnen etc. sowie viele Übungen für Bewerbungstests.
Ab Kl. 8/9, ca. 50 S., A4, Papph.
ISBN 3-86072-287-4
Best.-Nr. 2287
28,- DM/sFr/204,- öS

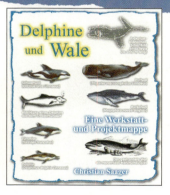

Delphine und Wale
Eine Werkstatt- und Projektmappe
Christian Saager

Schwerpunkte der Projektmappe sind u.a. Lebensraum und Ernährung der Wale, der Lebenszyklus der Wale, Wale/Delphine und der Mensch, Walfang und der Wal als Nutztier. Dabei werden Übungsformen wie Wal-Diktate, Wörtersuchspiele mit Selbstkontrolle, Bastelanleitungen für Wal-Puzzles, selbstständige Erarbeitung eines kleinen Wal-Referats, Gestaltung eines Gruppenplakats zur Rettung der Wale u.v.m. angeboten.
(Kein Vertrieb in der Schweiz)
(erscheint August 1997)
Ab Kl. 4, ca. 100 S., A4, Papph.
ISBN 3-86072-318-9
Best.-Nr. 2318
36,- DM/263,- öS

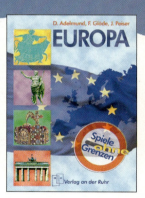

Europa –
Spiele ohne Grenzen
D. Adelmund, F. Glöde, J. Peiser

Die Spielvorlagen dieser Sammlung richten den Blick vor allem darauf, wie unser Kontinent über Jahrhunderte zusammengewachsen ist: politisch, wirtschaftlich, kulturell und religiös. Von der Völkerwanderung, den alten Griechen und Römern wird der Bogen über das Christentum und das wirtschaftliche Treiben der Hanse bis zur Industrialisierung Englands und des Kontinents gespannt. Auch die aktuellen Entwicklungen zur Europäischen Union nicht unberücksichtigt.
(erscheint August 1997)
Ab 12 J., ca. 115 S., A4, Spiralheftung
ISBN 3-86072-324-3
Best.-Nr. 2324
42,- DM/sFr/307,- öS

 Verlag an der Ruhr • Postfach 10 22 51 • D-45422 Mülheim an der Ruhr • Tel.: 0208/495040 • Fax: 0208/4950495 • e-mail: info@verlagruhr.de

Lern-Landkarten
Ein Arbeitsbuch
Winfried Kneip, Brigitte Neumann

Mind Mapping ist eine Methode, die es Kindern erlaubt, ihre „natürlichen" assoziativen Gedankenfindungs-Prozesse spielend weiterzuentwickeln und zielgerichtet für sich nutzbar zu machen. Ideal ist, dass sie vielseitig eingesetzt werden kann: Brainstorming, Gedanken ordnen, Problemlösungen entwickeln, Gliederung, Konfliktlösung, Planung, Gedächtnistraining oder spezielle Förderung lernbehinderter Kinder – Mind Mapping wird in diesem Arbeitsbuch spielerisch Schritt für Schritt erläutert und verspricht ein schnelles Erfolgserlebnis.
(erscheint August 1997)
Ab 12 J., ca. 132 S., A4-quer, Pb.
ISBN 3-86072-323-5
Best.-Nr. 2323
35,- DM/sFr/256,- öS

Selbstentfaltung und Lebensplanung
Interaktionsspiele und Infos für Jugendliche
Udo Kliebisch

Jugendliche entdecken hier darin ihre persönlichen Stärken und Fähigkeiten und erkennen den Einfluss anderer auf ihre Selbstwahrnehmung. Auf dieser Grundlage erstellen sie individuelle Entwürfe von ihrem Leben in der Zukunft. Dabei haben die Jugendlichen Gelegenheit, ihre Überzeugungen in Bezug auf Partnerschaft und Familie sowie Beruf und Leistungsgesellschaft zu erforschen.
(erscheint September 1997)
Ab 10 J., ca. 200 S., A4, Pb.
ISBN 3-86072-325-1
Best.-Nr. 2325
42,- DM/sFr/307,- öS

Was die Bibel Kindern sagen will
Arbeitsblätter zur christlichen Glaubenswelt
Madlen Ingber

Die liebevoll illustrierten Arbeitsblätter machen die Kinder mit christlichen Glaubensgrundsätzen vertraut. Dabei geht es um Themen wie „Ostern", „Das Pfingstfest", „Der Sonntag", „Gott", „Die 10 Gebote" etc. In vielfältigen Arbeitsformen (Lesen, Basteln, Malen, Lernspiele usw.) werden die Kinder an diese Themen herangeführt. Der Weg zum Glauben erfolgt in den Übungen dieser Mappe aus christlicher Perspektive, doch werden auch andere Glaubensformen – wie Judentum und Islam – einfühlsam behandelt.
Ab Kl. 4, 57 S., A4, Papph.
ISBN 3-86072-309-X
Best.-Nr. 2309
28,- DM/sFr/204,- öS

Auf den Spuren unseres Glaubens
Die Bibel und ihre historischen Hintergründe
Hans-Ulrich Bever, Wolfgang Dröpper

Das Rückgrat der Mappe bildet die Lektüre von Texten aus dem Alten und Neuen Testament. Um diese Textstellen herum finden sich zahlreiche handlungsorientierte Arbeitsblätter zu den Menschen und Ereignissen der alt- und neutestamentarischen Welt.
Zentrale Themen der Bibel werden in aktuelle Bezüge gestellt: So wird z.B. vor dem Hintergrund der Schöpfungsgeschichte nach unserem Verhältnis zur Umwelt gefragt.
(erscheint September 1997)
Ab Kl. 5, ca. 70 S., A4, Papph.
ISBN 3-86072-327-8
Best.-Nr. 2327
36,- DM/sFr/263,- öS

Textbuch
Können Augen sehen?
Philosophische Nachdenkgeschichten für Kinder und Jugendliche
Hg. v. Philip Cam

Die Nachdenkgeschichten dienen der eigenständigen Erörterung von Wissen und der selbstständigen Formulierung von moralischen Leitlinien.
(erscheint September 1997)
Ab 9 J., ca. 85 S., 16 x 23 cm, Pb.
ISBN 3-86072-303-0
Best.-Nr. 2303
12,80 DM/sFr/93,- öS

(Bei Abnahme von 20 Textbüchern gibt's die Arbeitsmappe umsonst: Best.-Nr. 0214 – nur direkt beim Verlag.)

Arbeitsmappe
Können Augen sehen?
Philosophische Nachdenkgeschichten für Kinder und Jugendliche
Philip Cam

Die Übungen greifen u.a. folgende Aspekte auf: die gezielte Förderung der Sensibilität für Sprache (u.a. Übungen zu Wortfeldern und Stilfiguren); praktische Auseinandersetzung mit Grundbegriffen logischer Argumentation (Differenzierung, Analogie, Ursache und Wirkung etc.); bewussterer Umgang mit den eigenen Gefühlen.
(erscheint September 1997)
Ab 9 J., ca. 65 S., A4, Papph.
ISBN 3-86072-304-9
Best.-Nr. 2304
30,- DM/sFr/219,- öS

Projekt Tod
Materialien und Projektideen
H. J. Knopff, J.-P. Meier, W. Stascheit

Die Projektideen und Materialien dieser Mappe erschließen dieses viel zu oft ausgeblendete Thema sensibel, aber ohne Berührungsängste: Da geht es um Todeseindrücke und -erlebnisse, Todesursachen, die Todesstrafe, den Umgang mit dem Tod in anderen Kulturen, das Leben nach dem Tod, Organspende und Euthanasie, das Sterben von Tier und Natur u.v.m. Für den fächerübergreifenden Unterricht (mit geistes- und naturwissenschaftlichen Schwerpunkten) und für Projektwochen!
(erscheint August 1997)
Ab 13 J., ca. 80 S., A4, Papph.
ISBN 3-86072-285-9
Best.-Nr. 2285
36,- DM/sFr/263,- öS

„Bleib ruhig!"
Entspannungs- und Konzentrationsübungen für Jugendliche
A. Packebusch-Scheer (Texte), H. P. Meyer (Musik)

Alle Übungen basieren auf klassischen Entspannungstechniken wie Yoga und Autogenes Training und können ohne besondere Vorbereitungen sofort umgesetzt werden. Alle Bewegungen werden ausführlich erläutert. Komplettiert wird die CD durch ein längeres Stück, das Musik und gesprochene Bewegungsanleitungen integriert.
Ab 12 J., Set in stabiler Pappbox, illustr. Begleitbuch (48 S.) + CD
ISBN 3-86072-328-6
Best.-Nr. 2328
38,- DM/sFr/277,- öS

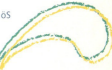

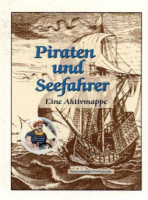
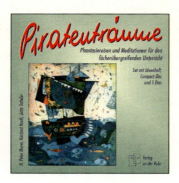
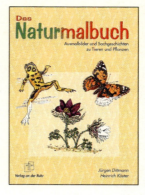

Piraten und Seefahrer
W. Kneip, S. Schneider

Wenn der Sprottenpiet auf Seereise geht, dann passieren immer die merkwürdigsten Sachen …
Ein Glück, dass die Kinder mitreisen und ihm kräftig zur Hand gehen können. So erfahren sie von ihrem Kapitän, was das überhaupt ist, ein echter Seefahrer, wie eine Mannschaft beschaffen sein muss und wie man sich verhält auf hoher See. Texte, Gedichte, Lieder, Spielideen, Bewegungs- und Gestaltungsübungen rund um die Welt auf hoher See.
Kiga/Kl. 1/2, 128 S., A4, Pb., zweifarbig
ISBN 3-86072-272-7
Best.-Nr. 2272
29,80 DM/sFr/218,- öS

Piratenträume
Phantasiereisen und Meditationen für den fächerübergreifenden Unterricht
H. P. Meyer (Musik), H. Hoefs (Ideenheft), J. Votteler (Bilder)

Die Kinder folgen den Piraten vom Hafen übers Meer auf eine Südseeinsel. Musik und Bilder illustrieren die Reise, deren Verlauf die Kinder durch ihre eigene Phantasie bestimmen. Das Ideenheft bringt Anregungen für einen kreativen Unterricht quer durch alle Fächer.
Ab Kl. 3, Set in stabiler Pappbox, illustr. Ideenheft mit 32 S., CD und 5 Dias
ISBN 3-86072-299-9
Best.-Nr. 2299
45,- DM/sFr/329,- öS

Das Naturmalbuch
Ausmalbilder und Sachgeschichten zu Tieren und Pflanzen
J. Dittmann, H. Köster

Um Kindern die Natur in ihrer Umgebung näher zu bringen, werden in dem „Naturmalbuch" 80 bekannte und weniger bekannte heimische Tier- und Pflanzenarten vorgestellt. Zu jedem Bild gibt es auch eine kleine Sachgeschichte. Auf diese Weise wird den Kindern Wissen vermittelt, das die Grundlage bildet für einen verantwortungsvollen Umgang mit der Natur. Für den Fall, dass es nicht möglich ist, sich die Tiere und Pflanzen „live" anzuschauen, werden alle natürlich auch farbig abgebildet.
Ab 6 J., 108 S., A4, Pb.
ISBN 3-86072-314-6
Best.-Nr. 2314
39,80 DM/sFr/291,- öS

Sinnvolle Vertretungsstunden: „Stunden aus dem Handgelenk"
Sinnvolle Beschäftigung Vertretungsstunden
Wolfgang Hund

Warum nicht Vertretungsstunden nutzen, um kreative Freiräume jenseits enger Fächergrenzen und Lehrplanvorgaben für einen Unterricht einzusetzen, der Spaß macht.
Der erste Band unserer neuen Reihe „Sinnvolle Vertretungsstunden" bietet eine bunte Sammlung erprobter Einheiten, die ohne Aufwand flexibel eingesetzt werden können. Die übersichtliche Struktur der Mappe ermöglicht einen schnellen Zugriff auf das passende Material: Der knappen Zuordnung, Zielsetzung und Schilderung der jeweiligen Übung folgen ansprechende Schülerseiten, die zum selbstständigen Weiterarbeiten anregen. Mathematische Kniffeleien und ABC-Spiele stehen neben Schreib- und Gesprächsanlässen, Konzentrationsübungen und Mal-Ideen. Ermöglichen die Einheiten ein Zurücktreten der Lehrperson, so fördern sie gleichzeitig Sozial- und Selbstkompetenz bei den SchülerInnen.
Kl. 1–4, 80 S., A4, Papph.
ISBN 3-86072-315-4
Best.-Nr. 2315
36,- DM/sFr/263,- öS

Kleine Diktatübungen
für den Deutsch- und Sachunterricht
Ursula Hänggi

Die Diktate in dieser Mappe greifen gängige Themen des Sachunterrichts auf. Rund um die Texte gibt es ein ganzes Bündel von Materialien gegen die Diktat-Routine. Bandwurmsätze, Buchstabensalate, Unsinnstexte, Spiegelschriften und Wörterblinzeln sind nur einige der vielfältigen Übungsformen. Dabei werden sowohl einzelne Wörter als auch ganze Texte geübt. Wortspurkästchen helfen beim Austüfteln von Textteilen und sind besonders zur Differenzierung geeignet.
(erscheint August 1997)
Ab Kl. 2, ca. 80 S., Papph.
ISBN 3-86072-311-1
Best.-Nr. 2311
36,- DM/sFr/263,- öS

Lesen üben, Lesen fördern
Irene Yates

In drei Teilen – „Zum Lesen kommen", „Weiterlesen" und „Auf Gelesenes reagieren" – präsentiert „Tolle Ideen: Lesen üben, Lesen fördern" über 100 Lernideen, die das erste Lesen zu einem ebenso spannenden wie kreativen Erlebnis machen.
Die Kinder schnippeln und kleben, sortieren, singen und rätseln. Und während die Wortkarten-Schlange wächst, die Kinderbuchfigur im Klassenraum lebendig wird oder die Talkshow ihren Höhepunkt erreicht, wird lästiger Buchstabensalat zur Delikatesse für junge Sprachgourmets.
6–11 J., 128. S., A4-quer, Pb.
ISBN 3-86072-312-X
Best.-Nr. 2312
24,80 DM/sFr/181,- öS

Musik aktiv zuhören
Lisa Mackenzie

Dieser Band rückt über das bewusste Zuhören und Verstehen das Nachgestalten von musikalischen Grundmustern in den Mittelpunkt. Zentrale musikalische Bausteine können die Kinder hier spielerisch erschließen und aktiv umsetzen und dabei auch Fachtermini lernen. Ein Buch, das Kinder an Musik heranführt.
8–12 J., 128 S., A4-quer, Pb.
ISBN 3-86072-281-6
Best.-Nr. 2281
24,80 DM/sFr/181,- öS

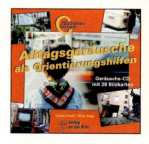

Alltagsgeräusche
als Orientierungshilfen
Carola Preuß, Klaus Ruge

Geräusche aus Lebensbereichen, mit denen Kinder täglich konfrontiert werden. So können Sie die Orientierungsfähigkeit der Kinder sensibilisieren.
Ab 5 J., CD (ca. 60 Min.), 28 vierfarb. Bildkarten in stabiler Pappbox, mit vielen Spielhinweisen und Infos
ISBN 3-86072-289-1
Best.-Nr. 2289
24,80 DM/sFr/181,- öS

 Verlag an der Ruhr • Postfach 10 22 51 • D-45422 Mülheim an der Ruhr • Tel.: 0208/495040 • Fax: 0208/4950495 • e-mail: info@verlagruhr.de